AF341291

OLYNTHIENNES

DE

DÉMOSTHÈNE,

AVEC DES SOMMAIRES FRANÇAIS,

REVUES ET CORRIGÉES

PAR M. G. DUPLESSIS,
INSPECTEUR DE L'ACADÉMIE ROYALE DE CAEN.

TRADUCTION.

PARIS,
LIBRAIRIE CLASSIQUE DE MAIRE-NYON,
GENDRE ET SUCC^R D'AUMONT, V^E NYON J^{NE},
Quai de Conti, n° 13.

1828.

SUJET

DES

OLYNTHIENNES.

⚙⚙⚙

OLYNTHE était une grande et forte ville de la Thrace, habitée par des Grecs originaires de Chalcis, ville de l'Eubée peuplée anciennement par une colonie venue d'Athènes. Les Olynthiens avaient été souvent en guerre contre les Athéniens eux-mêmes, contre les Lacédémoniens, et enfin contre Amyntas, père de Philippe, roi de Macédoine. Ils avaient même inquiété, par quelques hostilités, Philippe, dans les premiers temps de son règne. Mais ce prince, qui ne se sentait pas encore assez fort pour se venger, dissimula adroitement et ne négligea rien pour changer les dispositions des Olynthiens à son égard. Il parvint à faire alliance avec eux, et leur abandonna la ville de Potidée qu'il venait de conquérir sur les Athéniens. Mais bientôt, devenu plus puissant, il se déclara ouvertement l'ennemi des Olynthiens, envahit leur territoire et se disposa ostensiblement à faire le siége d'Olynthe. Alarmés de ces dispositions hostiles, et se sentant incapables de résister au roi de Macédoine, les Olynthiens envoyèrent sur-le-champ des députés à Athènes pour solliciter de prompts secours.

I

Dans cette circonstance, Démosthène prononça les trois discours qui portent le nom d'Olynthiennes. Homme d'état aussi éclairé qu'habile orateur, Démosthène, qui connaissait les véritables intérêts de la Grèce, et qui avait en même temps pénétré les vues ambitieuses de Philippe, employa toutes les ressources de son éloquence pour décider les Athéniens à venir au secours des Olynthiens ; et ses efforts obtinrent le succès qu'il avait le droit de s'en promettre.

Ces trois Olynthiennes furent prononcées dans la 4e année de la 107e olympiade, sous l'Archonte Callimaque.

ANALYSE

DE LA

PREMIÈRE OLYNTHIENNE.

Exorde. — L'Exorde est simple et court. Les Athéniens connaissent toute l'importance de la question sur laquelle ils délibèrent ; ils doivent donc écouter avec attention, avec bienveillance les orateurs qui cherchent à les éclairer sur leurs véritables intérêts.

Proposition. — Les circonstances exigent que l'on vienne au secours des Olynthiens ; que l'on se prépare sur-le-champ à la guerre ; enfin, que l'on envoie à Olynthe des députés avec la double mission de faire connaître la résolution prise par les Athéniens, et de surveiller, sur les lieux mêmes, les démarches insidieuses de Philippe.

Confirmation. — Quels que soient les moyens de succès du roi de Macédoine, il a aussi contre lui des chances défavorables, et il trouvera certainement quelques obstacles à sa réconciliation avec les Olynthiens ; entre autres, son titre de roi, titre toujours suspect à des républicains ; et plus encore, sa perfidie bien connue envers les villes qui s'étaient soumises à lui.

Les Athéniens doivent être d'autant mieux disposés à prendre les armes et à secourir les Olynthiens que les circonstances se présentent exactement telles qu'ils les désiraient

depuis long-temps. Tout rapprochement entre Philippe et les Olynthiens est devenu désormais impossible.

L'orateur, en conséquence, engage ses auditeurs à ne pas négliger une occasion si belle. Il leur rappelle combien, dans des circonstances semblables, leur inaction leur a été autrefois funeste et combien elle a été avantageuse à Philippe. Il les exhorte à rendre grâces aux Dieux de leur avoir procuré un moyen de réparer leurs torts. Il les conjure d'effacer la honte de leurs fautes précédentes; enfin, il les avertit que s'ils ne viennent au secours d'Olynthe, et que cette ville tombe au pouvoir de Philippe, le roi de Macédoine ne trouvera plus rien qui puisse mettre obstacle à ses ambitieux projets.

Ici l'orateur place à dessein un tableau plein de force et de chaleur de la puissance de Philippe et de son accroissement successif. Puis, il démontre à ses auditeurs que d'une part leur inertie, et, de l'autre, l'activité infatigable de Philippe auront pour résultat infaillible d'amener la guerre dans l'Attique, et de les forcer de combattre ainsi pour la défense de leur propre territoire.

Après avoir montré les dangers qui résulteraient pour les Athéniens d'une inaction prolongée, Démosthène revient naturellement et avec plus de force encore à sa proposition; et c'est ici que se termine la première partie de son discours. Il a déclaré franchement son opinion; il a dit ce qu'il fallait faire : il va maintenant exposer avec la même franchise son avis sur les moyens d'exécution.

Une question délicate se présentait à traiter en premier lieu. Il s'agissait de trouver de l'argent pour pourvoir aux frais de la guerre; et il était défendu, sous peine de mort, de proposer de détourner de leur destination spéciale, les

fonds mis en réserve dans le trésor pour subvenir aux dépenses qu'exigeaient les jeux publics. Démosthène aborde franchement cette difficulté, et bien convaincu que l'intérêt de l'état doit passer avant toute autre considération, il conseille aux Athéniens de consacrer à payer des soldats un argent destiné autrefois à protéger l'Attique contre des invasions ennemies, et qui ne saurait être plus utilement employé.

Puis, pour appuyer plus fortement son opinion, il s'attache à faire connaître à ses auditeurs ce que la situation de Philippe peut avoir de désavantageux, et leur montre combien il leur importe de profiter de leurs avantages, et d'agir, dans cette circonstance, comme agirait Philippe lui-même, s'il était à leur place.

Revenant ainsi à sa proposition, il fait voir qu'il est d'autant plus important de secourir Olynthe, que, si cette ville se soutient contre Philippe, les Athéniens se trouveront en sûreté dans leur pays, et de plus, auront affaibli leur ennemi en dévastant la Macédoine ; tandis que dans le cas où l'on abandonnerait Olynthe, Philippe ne trouverait aucun obstacle qui l'empêchât d'envahir l'Attique.

La péroraison est courte et énergique. L'orateur a fait connaître à ses auditeurs leur position, celle des Olynthiens et celle de Philippe. Il ne lui reste plus qu'à leur rappeler en peu de mots qu'il n'est pas un citoyen d'Athènes, de quelque rang et de quelque âge qu'il soit, qui ne doive s'empresser de courir aux armes dans cette circonstance.

ΔΗΜΟΣΘΕΝΟΥΣ

ΟΛΥΝΘΙΑΚΟΣ ΛΟΓΟΣ ΠΡΩΤΟΣ.

Ι. Ἀντὶ πολλῶν ἂν, ὦ ἄνδρες Ἀθηναῖοι, χρημάτων ὑμᾶς ἑλέσθαι νομίζω, εἰ φανερὸν γένοιτο τὸ μέλλον συνοίσειν τῇ πόλει, περὶ ὧν νυνὶ σκοπεῖτε. Ὅτε τοίνυν τοῦθ' οὕτως ἔχει, προσήκει προθύμως ἐθέλειν ἀκούειν τῶν βουλομένων συμ- βουλεύειν. Οὐ γὰρ μόνον, εἴ τι χρήσιμον ἐσκεμμένος ἥκοι τις, τοῦτ' ἂν ἀκούσαντες λάβοιτε· ἀλλὰ καὶ τῆς ὑμετέρας τύχης ὑπολαμβάνω, πολλὰ τῶν δεόντων ἐκ τοῦ παραχρῆμα ἐνίοις ἂν ἐπελθεῖν εἰπεῖν, ὥστ' ἐξ ἁπάντων ῥᾳδίαν τὴν τοῦ συμφέροντος ὑμῖν αἵρεσιν γενέσθαι.

ΙΙ. Ὁ μὲν οὖν παρὼν καιρὸς, ὦ ἄνδρες Ἀθηναῖοι, μονονουχὶ λέγει, φωνὴν ἀφιεὶς, ὅτι τῶν πραγμάτων ὑμῖν ἐκείνων αὐτοῖς ἀντιληπτέον ἐστὶν, εἴπερ ὑπὲρ σωτηρίας αὐτῶν φροντίζετε. Ἡμεῖς δ' οὐκ οἶδ' ὅντινά μοι δοκοῦμεν ἔχειν τρόπον πρὸς αὐτά. Ἔστι δή ταῦτ' ἐμοὶ δοκοῦντα· ψη- φίσασθαι μὲν ἤδη τὴν βοήθειαν, καὶ παρασκευάσασθαι τὴν ταχίστην, ὅπως ἐνθένδε βοηθήσετε, καὶ μὴ πάθητε ταυ- τὸν ὅπερ καὶ πρότερον· πρεσβείαν δὲ πέμπειν, ἥτις ταῦτ' ἐρεῖ, καὶ παρέσται τοῖς πράγμασιν. Ὡς ἔστι μάλιστα τοῦτο δέος, μὴ πανοῦργος ὢν, καὶ δεινὸς ἄνθρωπος πράγμασι

PREMIÈRE OLYNTHIENNE

DE DÉMOSTHÈNE.

Je crois, Athéniens, que, dans l'objet actuel de votre délibération, vous préféreriez à tous les trésors du monde l'avantage d'être éclairés sur les vrais intérêts de la République. Vous devez donc écouter volontiers ceux qui se disposent à vous donner des conseils. Car, outre que vous pouvez profiter des avis sages qu'a médités un orateur avant de paroître à la tribune, vous êtes encore assez heureux pour qu'il vienne sur-le-champ à quelques-uns de vos ministres des réflexions utiles ; et la réunion de ces lumières vous met en état de choisir le meilleur parti.

L'occasion présente semble élever la voix, et vous dire que vous devez vous occuper sérieusement de la défense des Olynthiens, si vous avez à cœur votre propre conservation. J'ignore quelle est là-dessus votre façon de penser ; voici la mienne.

Je voudrais qu'on se décidât sur-le-champ à secourir Olynthe, qu'on préparât le secours au plus tôt, et que les troupes fussent composées de nos citoyens, afin d'éviter l'inconvénient dans lequel on est déjà tombé ; je voudrois encore qu'on fît partir, avant tout, des députés pour annoncer nos résolutions, et veiller sur les lieux à nos intérêts. Nous avons affaire à un rusé poli-

χρῆσθαι, τὰ μὲν εἴκων, ἡνίκα ἂν τύχῃ, τάδ' ἀπειλῶν (ἀξιό-
πιστος δ' ἂν εἰκότως φαίνοιτο), τάδ' ἡμᾶς διαβάλλων καὶ
τὴν ἀπουσίαν τὴν ἡμετέραν, δρέψηται καὶ παρασπάσηταί τι
τῶν ὅλων πραγμάτων.

III. Οὐ μὴν ἀλλ' ἐπιεικῶς, ὦ ἄνδρες Ἀθηναῖοι, τοῦθ'
ὅπερ δυσμαχώτατόν ἐστι τῶν Φιλίππου πραγμάτων, καὶ
βέλτιστον ὑμῖν. Τὸ γὰρ εἶναι πάντων ἐκεῖνον, ἕνα ὄντα,
κύριον, καὶ ῥητῶν καὶ ἀπορρήτων, καὶ ἅμα στρατηγὸν καὶ
δεσπότην καὶ ταμίαν, καὶ πανταχοῦ αὐτὸν παρεῖναι τῷ
στρατεύματι, πρὸς μὲν τὸ τὰ τοῦ πολέμου ταχὺ καὶ κατὰ
καιρὸν πράττεσθαι, πολλῷ προέχει· πρὸς δὲ τὰς καταλλα-
γὰς ἃς ἂν ἐκεῖνος ποιήσαιτο ἄσμενος πρὸς Ὀλυνθίους, ἐναν-
τίως ἔχει. Δῆλον γάρ ἐστι τοῖς Ὀλυνθίοις, ὅτι νῦν οὐ περὶ
δόξης, οὐδ' ὑπὲρ μέρους χώρας πολεμοῦσιν, ἀλλ' ἀναστά-
σεως καὶ ἀνδραποδισμοῦ τῆς πατρίδος· καὶ ἴσασιν ἅ τ' Ἀμφιπολιτῶν ἐποίησε τοὺς παραδόντας αὐτῷ τὴν πόλιν, καὶ
Πυδναίων τοὺς ὑποδεξαμένους. Καὶ ὅλως ἄπιϛον, οἶμαι,
ταῖς πολιτείαις ἡ τυραννίς, ἄλλως τε, κἂν ὅμορον χώραν
ἔχωσι.

IV. Ταῦτ' οὖν ἐγνωκότας ὑμᾶς, ὦ ἄνδρες Ἀθηναῖοι,
καὶ τἄλλ' ἃ προσήκει πάντα ἐνθυμουμένους, φημὶ δεῖν
ἐθελῆσαι, καὶ παροξυνθῆναι, καὶ τῷ πολέμῳ προσέχειν,
εἴπέρ ποτε, καὶ νῦν, χρήματα εἰσφέροντας προθύμως, καὶ
αὐτοὺς ἐξιόντας, καὶ μηδὲν ἐλλείποντας. Οὐδὲ γὰρ λόγος,
οὐδὲ σκῆψις ἔθ' ὑμῖν, τοῦ μὴ τὰ δέοντα ποιεῖν ἐθέλειν,
ὑπολείπεται. Νυνὶ γάρ, ὃ πάντες ἐθρυλλεῖτε, ὡς Ὀλυνθίους ἐκπολεμῶσαι δεῖ Φιλίππῳ, γέγονεν αὐτόματον· καὶ
ταῦτα, ὡς ἂν ὑμῖν μάλιϛα συμφέροι. Εἰ μὲν γὰρ ὑφ' ὑμῶν

tique, à un homme qui sait profiter des conjonctures ; et il est à craindre que , soit en relâchant de ses droits s'il est à propos, soit en faisant des menaces (et alors on peut croire à sa parole), soit en cherchant à décrier nos lenteurs et notre inaction, il ne parvienne à détacher de nous et à attirer à lui quelque partie de la Grèce.

Heureusement , ô ATHÉNIENS ! ce qui fait la plus grande force du roi de Macédoine, est aujourd'hui votre plus grand avantage. Être seul confident de tous ses secrets , être en même temps le général des armées, le dispensateur des finances, le maître de tous les desseins, commander partout en personne, cela influe beaucoup dans la guerre, sur la promptitude et la justesse de l'exécution ; mais aussi cela même est un obstacle à l'envie qu'auroit Philippe de se rapprocher des Olynthiens. Ceux-ci , en effet, voient qu'ils combattent, non pour la gloire ou pour une partie de leur sol , mais pour empêcher la ruine et l'asservissement de leur patrie. Ils savent comment le prince a payé les services des traîtres d'Amphipolis et de Pydna, qui lui ont ouvert les portes de ces deux villes. Et en général, les monarques doivent être suspects aux républiques, surtout quand ils en sont voisins.

Convaincus de ces vérités , et d'ailleurs remplis de tous les sentimens convenables , vous devez, maintenant plus que jamais, vous porter à agir, vous animer ; et, tournant toutes vos pensées du côté de la guerre, contribuer avec zèle de vos fortunes, et payer de vos personnes. Car vous n'avez plus ni raison ni prétexte qui vous dispense de faire tout ce qui est en vous. L'avantage de mettre Olynthe aux prises avec Philippe, cet avantage si ardemment désiré, s'offre de lui-même, et avec les circonstances les plus favorables. En effet, si les Olynthiens eussent entrepris la guerre à votre sollicita-

1*

πεισθέντες ἀνείλοντο τὸν πόλεμον, σφαληροὶ σύμμαχοι, καὶ μεχρί του ταῦτ' ἂν ἐγνωκότες ἦσαν ἴσως· ἐπειδὴ δὲ ἐκ τῶν πρὸς αὐτοὺς ἐγκλημάτων μισοῦσι, βέβαιαν εἰκὸς τὴν ἔχθραν αὐτοὺς ὑπὲρ ὧν φοβοῦνται καὶ πεπόνθασιν ἔχειν. Οὐ δεῖ δὴ τοιοῦτον, ὦ ἄνδρες Ἀθηναῖοι, παραπεπτωκότα καιρὸν ἀφεῖναι, οὐδὲ παθεῖν ταυτὸν ὅπερ ἤδη πολλάκις πρότερον πεπόνθατε. Εἰ γὰρ, ὅθ' ἥκομεν Εὐβοεῦσι βεβοηθηκότες, καὶ παρῆσαν Ἀμφιπολιτῶν Ἱέραξ καὶ Στρατοκλῆς ἐπὶ τουτὶ τὸ βῆμα, κελεύοντες ὑμᾶς ἐκπλεῖν, καὶ παραλαμβάνειν τὴν πόλιν, τὴν αὐτὴν παρειχόμεθ' ἡμεῖς καὶ ὑπὲρ ἡμῶν αὐτῶν προθυμίαν ἥνπερ ὑπὲρ τῆς τῶν Εὐβοέων σωτηρίας, εἴχετ' ἂν Ἀμφίπολιν τότε, καὶ πάντων τῶν μετὰ ταῦτα ἂν ἦτε ἀπηλλαγμένοι πραγμάτων· καὶ πάλιν ἡνίκα Πύδνα, Ποτίδαια, Μεθώνη, Παγασαὶ, τἄλλα (ἵνα μὴ καθέκαστα λέγων διατρίβω), πολιορκούμενα ἀπηγγέλλετο· εἰ τότε τούτων ἑνὶ τῷ πρώτῳ προθύμως, καὶ ὡς προσῆκεν, ἐβοηθήσαμεν αὐτοὶ, ῥάονι καὶ πολὺ ταπεινοτέρῳ νῦν ἂν ἐχρώμεθα τῷ Φιλίππῳ. Νῦν δὲ τὸ μὲν παρὸν ἀεὶ προϊέμενοι, τὰ δὲ μέλλοντα αὐτόματα οἰόμενοι σχήσειν καλῶς, ηὐξήσαμεν, ὦ ἄνδρες Ἀθηναῖοι, Φίλιππον ἡμεῖς, καὶ κατεστήσαμεν τηλικοῦτον, ἡλίκος οὐδεὶς πω βασιλεὺς γέγονε Μακεδονίας. Νυνὶ δὲ καιρὸς ἥκει. Τίς οὗτος; ὁ τῶν Ὀλυνθίων, αὐτόματος τῇ πόλει, ὡς οὐδενός ἐστιν ἐλάττων τῶν πρότερον ἐκείνων.

V. Καὶ ἔμοιγε δοκεῖ τίς ἂν, ὦ ἄνδρες Ἀθηναῖοι, δίκαιος λογιστὴς τῶν παρὰ τῶν Θεῶν ἡμῖν ὑπηργμένων καταστὰς, καίπερ οὐκ ἐχόντων ὡς δεῖ πολλῶν, ὅμως μεγάλην ἂν ἔχειν αὐταῖς χάριν, εἰκότως. Τὸ μὲν γὰρ πολλὰ ἀπολω-

tion, on pourrait moins compter sur leur alliance et sur leurs sentimens actuels; mais comme ils haïssent Philippe, parce qu'ils ont eux-mêmes sujet de s'en plaindre, ce qu'ils ont souffert de lui et ce qu'ils en craignent, doit nous assurer de leur haine contre ce monarque. Prenez garde, ATHÉNIENS, de laisser échapper une telle occasion, et de tomber dans la faute que vous avez déjà commise plus d'une fois.

Par exemple, si, lorsque nous venions de secourir l'Eubée, lorsque Hiérax et Stratoclès, députés des Amphipolitains, nous exhortoient, de dessus cette tribune, à nous mettre en mer et à venir prendre possession de leur ville; si, dans cette circonstance, nous eussions montré pour nos propres intérêts la même chaleur que nous avions témoignée pour le salut des Eubéens, rentrés alors dans Amphipolis, et redevenus maîtres de cette place, nous aurions évité tous les embarras où nous nous trouvâmes depuis; et ensuite, si, lorsqu'on nous annonçoit le siége de Pydna, de Potidée, de Méthone, de Pagase et des autres places qu'il est inutile de nommer, nous avions secouru avec ardeur et comme il convenoit, la première d'entre elles qui fut assiégée, Philippe seroit aujourd'hui moins fier et plus traitable. Mais, grâce à cette indolence qui nous fait abandonner le présent, et qui nous tranquillise sur l'avenir, ce prince s'est agrandi; il est devenu plus puissant que ne le fut jamais aucun roi de Macédoine. Voici maintenant une grande occasion. Quelle est-elle? Celle dont je parle, qui s'offre d'elle-même, et n'est pas moins importante qu'aucune de celles qui aient précédé.

Pour moi, quoique beaucoup de choses n'aillent pas selon nos désirs, il me semble que celui d'entre nous qui se rappelleroit toutes les faveurs que nous avons reçues des Dieux, devroit se sentir pénétré d'une profonde re-

λεκέναι κατὰ τὸν πόλεμον, τῆς ἡμετέρας ἀμελείας ἄν τις
θείη δικαίως· τὸ δὲ μήτε πάλαι τοῦτο πεπονθέναι, πεφη-
νέναι τέ τινα ἡμῖν συμμαχίαν τούτων ἀντίρροπον, ἂν βου-
λόμεθα χρῆσθαι, τῆς παρ' ἐκείνων εὐνοίας εὐεργέτημ' ἂν
ἔγωγε θείην. Ἀλλ', οἶμαι, παρόμοιόν ἐςιν, ὅπερ καὶ περὶ
τῆς τῶν χρημάτων κτήσεως. Ἂν μὲν γὰρ ὅσα ἄν τις λάβῃ,
καὶ σώσῃ, μεγάλην ἔχει τῇ τύχῃ τὴν χάριν· ἂν δ' ἀναλώ-
σας λάθῃ, συνανάλωσε καὶ τί μεμνῆσθαι τῇ τύχῃ τὴν χάριν. Καὶ περὶ τῶν πραγμάτων οὕτως, οἱ μὴ χρησάμενοι
τοῖς καιροῖς ὀρθῶς, οὐδ' εἰ συνέβη τὸ παρὰ τῶν θεῶν χρη-
ςὸν, μνημονεύουσι. Πρὸς γὰρ τὸ τελευταῖον ἐκβὰν ἕκαςον
τῶν προϋπαρξάντων ὡς τὰ πολλὰ κρίνεται. Διὸ καὶ σφόδρα
δεῖ τῶν λοιπῶν ἡμᾶς, ὦ ἄνδρες Ἀθηναῖοι, φροντίσαι, ἵνα
ταῦτ' ἐπανορθωσάμενοι, τὴν ἐπὶ τοῖς πεπραγμένοις ἀδοξίαν
ἀποτριψώμεθα. Εἰ δὲ προησόμεθα, ὦ ἄνδρες Ἀθηναῖοι,
καὶ τούτους τοὺς ἀνθρώπους, εἶτ' Ὄλυνθον ἐκεῖνος κατα-
ςρέψεται, φρασάτω τις ἐμοί, τί τὸ κωλύον ἔτ' αὐτὸν ἔςαι
βαδίζειν ὅποι βούλεται;

VI. Ἆρά γε λογίζεταί τις ὑμῶν, ὦ ἄνδρες Ἀθηναῖοι, καὶ
θεωρεῖ τὸν τρόπον δι' ὃν μέγας γέγονεν, ἀσθενὴς ὢν τὸ
κατ' ἀρχὰς Φίλιππος; τὸ πρῶτον Ἀμφίπολιν λαβὼν, μετὰ
ταῦτα Πύδναν, πάλιν Ποτίδαιαν, Μεθώνην αὖθις· εἶτα
Θητταλίας ἐπέβη. Μετὰ ταῦτα Φερὰς, Παγασὰς, Μαγνησίαν, πάνθ' ὃν ἐβούλετο εὐτρεπίσας τρόπον, ᾤχετ' εἰς
Θράκην· εἶτ' ἐκεῖ τοὺς μὲν ἐκβαλὼν, τοὺς δὲ καταςήσας
τῶν βασιλέων, ἠσθένησε. Πάλιν ῥαίσας, οὐκ ἐπὶ τὸ ῥᾳθυ-
μεῖν ἀπέκλινεν, ἀλλ' εὐθὺς Ὀλυνθίοις ἐπεχείρησε. Τὰς δ'
ἐπ' Ἰλλυριοὺς καὶ Παίονας αὐτοῦ, καὶ πρὸς Ἀρύμβαν, καὶ

connaissance. En effet, si l'on peut justement imputer à notre négligence les pertes que nous avons essuyées dans la guerre, on doit attribuer à une protection divine le bonheur de ne les avoir pas éprouvées plus tôt, et l'avantage d'une alliance capable, si nous en profitons, de les réparer toutes. Mais, à mon avis, il en est des peuples comme des particuliers : un particulier qui conserve les biens qu'il a reçus de la fortune, lui en témoigne sa gratitude, tandis que celui qui les dissipe imprudemment, perd avec eux le souvenir de ses bienfaits. Ainsi, dans le gouvernement de l'État, un peuple qui n'a pas su profiter des occasions, ne se rappelle pas même les faveurs qu'il avoit obtenues auparavant du ciel. Car le mal présent, pour l'ordinaire, fait oublier le bonheur passé.

Nous devons donc, à l'avenir, veiller davantage à nos propres intérêts, réformer notre conduite, et par là effacer les taches qu'elle a faites jusqu'ici à notre gloire. Que si, pour comble de négligence, nous abandonnons les Olynthiens, qui ont recours à nous, et que Philippe s'empare de leur ville, je vous le demande, qui pourra l'empêcher d'aller où il voudra ?

A-t-on jamais réfléchi sur la manière dont ce monarque, si faible d'abord, est devenu si puissant ? Il commença par la prise d'Amphipolis, qui fut suivie de celle de Pydna, de Potidée, de Méthone ; puis il entra dans la Thessalie. Alors, ayant disposé de Phères, de Pagase, de Magnésie, de tout le pays, en un mot, comme il voulut, il partit pour la Thrace. Là, après avoir donné et ôté des couronnes, il tomba malade. Il ne fut pas plus tôt rétabli, que, sans se livrer à l'inaction, il attaqua les Olynthiens. Je ne parle pas de ses expéditions dans l'Illyrie, dans la Péonie, contre Arymbas ; et où n'en a-t-il pas fait ? Pourquoi tout ce détail ? dira-t-on. C'est

ὅπῃ τις ἂν εἴποι, παραλείπω ϛρατείας. Τί οὖν, τίς ἂν
εἴποι, ταῦτα λέγεις ἡμῖν νῦν; ἵνα γνῶτε, ὦ ἄνδρες Ἀθηναῖοι, καὶ αἴσθησθε ἀμφότερα, καὶ τὸ προίεσθαι καθέκα-
ϛον αἰεί τι τῶν πραγμάτων ὡς ἀλυσιτηλὲς, καὶ τὴν φιλο-
πραγμοσύνην ᾗ πρὸς ἅπαντας χρῆται καὶ συζῇ Φίλιππος,
ὑφ᾽ ἧς οὐκ ἔστιν ὅπως ἀγαπήσας τοῖς πεπραγμένοις, ἡσυ-
χίαν σχήσει. Εἰ δ᾽ ὁ μὲν, ὡς αἰεί τι μεῖζον τῶν ὑπαρχόντων δεῖ πράττειν ἐγνωκὼς ἔσται, ὑμεῖς δὲ, ὡς οὐδενὸς ἀντιληπτέον ἐρρωμένως τῶν πραγμάτων, σκοπεῖσθε εἰς τί
ποτε ἐλπὶς ταῦτα τελευτῆσαι. Πρὸς Θεῶν, τίς οὗτος εὐή-
θης ἐϛὶν ὑμῶν, ὅστις ἀγνοεῖ τὸν ἐκεῖθεν πόλεμον δεῦρο
ἥξοντα, ἂν ἀμελήσωμεν; Ἀλλὰ μὴν εἰ τοῦτο γενήσεται,
δέδοικα, ὦ ἄνδρες Ἀθηναῖοι, μὴ τὸν αὐτὸν τρόπον ὥσπερ
οἱ δανειζόμενοι ῥαδίως ἐπὶ τοῖς μεγάλοις τόκοις μικρὸν
εὐπορήσαντες χρόνον, ὕστερον καὶ τῶν ἀρχαίων ἀπέϛησαν·
οὕτω καὶ ἡμεῖς ἂν ἐπὶ πολλῷ φανῶμεν ἐρραθυμηκότες, καὶ
ἅπαντα πρὸς ἡδονὴν ζητοῦντες, πολλὰ καὶ χαλεπὰ, ὧν οὐκ
ἠβουλόμεθα, ὕϛερον εἰς ἀνάγκην ἔλθωμεν ποιεῖν, καὶ κιν-
δυνεύσωμεν περὶ τῶν ἐν αὐτῇ τῇ χώρᾳ.

VII. Τὸ μὲν οὖν ἐπιτιμᾷν ἴσως φήσαι τίς ἂν ῥᾴδιον
καὶ παντὸς εἶναι, τὸ δ᾽ ὑπὲρ τῶν παρόντων ὅ,τι δεῖ πράττειν
ἀποφαίνεσθαι, τοῦτ᾽ εἶναι συμβούλου. Ἐγὼ δὲ οὐκ ἀγνοῶ
μὲν, ὦ ἄνδρες Ἀθηναῖοι, τοῦθ᾽ ὅτι πολλάκις ὑμεῖς οὐ τοὺς
αἰτίους, ἀλλὰ τοὺς ὑϛάτους περὶ τῶν πραγμάτων εἰπόντας,
ἐν ὀργῇ ποιεῖσθε, ἄν τι μὴ κατὰ γνώμην ἐκβῇ· οὐ μὴν οἶμαι γε δεῖν τὴν ἰδίαν ἀσφάλειαν σκοποῦνθ᾽, ὑποϛείλασθαι
περὶ ὧν ὑμῖν συμφέρειν ἡγοῦμαι. Φημὶ δὴ διχῇ βοηθητέον
εἶναι τοῖς πράγμασιν ὑμῖν, τῷ τε τὰς πόλεις τοῖς Ὀλυν

pour que vous sachiez, ATHÉNIENS, pour que vous conceviez combien il est nuisible d'abandonner toujours quelque partie des affaires, et quelle est cette ambition de Philippe qui le dévore, qui lui fait attaquer successivement tous les peuples, sans lui permettre de s'arrêter et de s'en tenir à ses premières conquêtes. Mais, si ce prince est persuadé qu'il doit toujours aller en avant, et nous, au contraire, que nous ne devons rien entreprendre avec vigueur, à quoi pouvons-nous enfin nous attendre? Au nom des Dieux, est-il parmi vous quelqu'un d'assez simple pour ignorer que la guerre viendra d'Olynthe à Athènes, si nous n'y prenons garde? Et en ce cas je crains bien que, semblables à ces imprudens qui empruntent à gros intérêts, et qui, après avoir joui d'une aisance passagère, perdent jusqu'à leurs propres fonds, je crains que nous ne sentions trop tard combien il nous en coûte de nous être livrés à l'indolence; je crains qu'après avoir toujours cherché ce qui nous flattoit pour le moment, nous ne nous trouvions enfin réduits à faire bien des choses contre notre gré, et obligés de défendre notre propre pays.

Rien de si facile, dira-t-on, que de s'ériger en censeur, tout le monde en est capable : proposer un bon avis pour la circonstance, voilà ce qu'on attend d'un ministre. Je n'ignore pas, ATHÉNIENS, que quand il arrive quelque événement fâcheux, vous faites tomber votre courroux, non sur les auteurs de vos maux, mais sur les orateurs qui ont parlé les derniers; je ne crois pas toutefois que la considération de ma sûreté particulière doive me fermer la bouche sur les intérêts de l'Etat.

Je dis donc que, dans la conjoncture présente, vous devez envoyer des troupes, et du côté d'Olynthe, pour

θίοις σώζειν, καὶ τοὺς τοῦτο ποιήσοντας ςρατιώτας ἐκπέμ-
πειν, καὶ τῷ τὴν ἐκείνου χώραν κακῶς ποιεῖν καὶ τριήρεσι
καὶ ςρατιώταις ἑτέροις. Εἰ δὲ θατέρου τούτων ὀλιγωρήσετε,
ὀκνῶ μὴ μάταιος ὑμῖν ἡ ςρατεία γένηται. Εἴτε γὰρ ὑμῶν
τὴν ἐκείνου κακῶς ποιούντων, ὑπομείνας τοῦτο, Ὄλυνθον
παραστήσεται, ῥᾳδίως ἐπὶ τὴν οἰκείαν ἐλθὼν, ἀμυνεῖται·
εἴτε βοηθησάντων μόνον ὑμῶν εἰς Ὄλυνθον, ἀκινδύνως ὁρῶν
ἔχοντα τὰ οἴκοι, προσκαθεδεῖται καὶ προσεδρεύσει τοῖς
πράγμασι περιέσται τῷ χρόνῳ τῶν πολιορκουμένων. Δεῖ δὴ
πολλὴν καὶ διχῆ τὴν βοήθειαν εἶναι. Καὶ περὶ μὲν τῆς βοη-
θείας ταῦτα γιγνώσκω.

VIII. Περὶ δὲ χρημάτων πόρου, ἔστιν, ὦ ἄνδρες Ἀθηναῖοι, χρήματα ἡμῖν, ἔστιν ὅσα οὐδενὶ τῶν ἄλλων ἀνθρώπων στρατιωτικά· ταῦτα δὲ ὑμεῖς οὕτως ὡς βούλεσθε λαμβάνετε. Εἰ μὲν οὖν ταῦτα τοῖς στρατευομένοις ἀποδώσετε,
οὐδενὸς ὑμῖν προσδεῖ πόρου· εἰ δὲ μὴ, προσδεῖ, μᾶλλον
δ' ἅπαντος ἐνδεῖ τοῦ πόρου. Τί οὖν, ἄν τις εἴποι, σὺ γρά-
φεις ταῦτ' εἶναι στρατιωτικά; μὰ Δι', οὐκ ἔγωγε. Ἐγὼ μὲν
γὰρ ἡγοῦμαι ςρατιώτας δεῖν κατασκευασθῆναι, καὶ ταῦτ'
εἶναι ςρατιωτικὰ, καὶ μίαν σύνταξιν εἶναι τὴν αὐτὴν τοῦ
τε λαμβάνειν, καὶ τοῦ ποιεῖν τὰ δέοντα. Ὑμεῖς δὲ οὕτω
πως ἄνευ πραγμάτων ταῦτα λαμβάνετε εἰς τὰς ἑορτάς.
Ἔστι δὴ λοιπὸν, οἶμαι, πάντας εἰσφέρειν, ἂν πολλῶν δέῃ,
πολλὰ, ἂν ὀλίγων, ὀλίγα. Δεῖ δὲ χρημάτων, καὶ ἄνευ
τούτων οὐδέν ἐστι γενέσθαι τῶν δεόντων. Λέγουσι δὲ καὶ
ἄλλους τινὰς ἄλλοι πόρους· ὧν ἕλεσθε ὅστις ὑμῖν ἂν συμφέρειν δοκῇ, καὶ ἕως ἐστὶ καιρὸς, ἀντιλάβεσθε τῶν πραγμάτων.

sauver les places des Olynthiens, et en Macédoine, que vous attaquerez par terre et par mer. Si vous négligez l'un ou l'autre, je doute que votre expédition réussisse. Car si, tandis que vous ravagerez le pays de Philippe, le prince, supportant ce dommage, vient à bout d'emporter la ville, de retour dans ses états, il se vengera sans peine; ou si, tandis que vous vous contenterez de secourir Olynthe, Philippe, voyant son pays en sûreté, continue vivement le siége, il forcera, avec le temps, les assiégés de se rendre. Il faut donc un secours puissant et distribué comme je dis. Voilà ce que je pense par rapport au secours.

Quant aux subsides, vous avez de quoi y fournir plus qu'aucun autre peuple; mais l'argent que vous avez entre les mains, vous le recevez à tel titre qu'il vous plaît. Si vous le rendez aux soldats vous n'avez pas besoin d'autres fonds; sinon, vous en aurez besoin, ou même vous manquerez absolument de fonds. Quoi donc! dira quelqu'un, proposez-vous d'affecter cet argent aux dépenses de la guerre? Non, certes; mais je crois qu'il faut lever des troupes, que cet argent leur appartient, et que, dans un état, ceux qui en reçoivent les deniers, doivent le défendre et payer de leurs personnes. Vous, au contraire, vous recevez l'argent de la République sans nulle raison, sans rendre nul service, pous assister à des jeux. Il ne reste donc que la ressource d'une contribution plus ou moins forte, selon l'exigence du cas : car enfin il faut de l'argent, et sans argent rien ne se fait. Plusieurs prétendent qu'il est d'autres moyens d'en avoir. Parmi ces moyens choisissez les meilleurs ; et tandis qu'il en est encore temps, hâtez-vous d'agir.

IX. Ἄξιον δὲ ἐνθυμηθῆναι καὶ λογίσασθαι, τὰ πράγματα ἐν ᾧ καθέςηκε νυνί τὰ Φιλίππου. Οὔτε γὰρ, ὡς δοκεῖ,
καὶ φήσειέ τις ἂν μὴ σκοπῶν ἀκριβῶς, εὐπρεπῶς, οὐδ' ὡς
ἂν κάλλιςα, αὐτῷ τὰ παρόντ' ἔχει, οὔτ' ἂν ἐξήνεγκε τὸν
πόλεμόν ποτε τοῦτον ἐκεῖνος, εἰ πολεμεῖν ᾠήθη δεήσειν
αὐτόν. Ἀλλ' ὡς ἐπιὼν ἅπαντα τότε ἤλπιζε τὰ πράγματα
ἀναιρήσεσθαι, κᾆτα διέψευςαι. Τοῦτο δὴ πρῶτον αὐτὸν ταράττει παρὰ γνώμην γεγονὸς, καὶ πολλὴν ἀθυμίαν αὐτῷ
παρέχει· εἶτα τὰ τῶν Θετταλῶν. Ταῦτα γὰρ ἄπιςτα μὲν
ἦν δήπου φύσει καὶ ἀεὶ πᾶσιν ἀνθρώποις· κομιδῇ δ' ὥσπερ
ἦν, καὶ ἐστὶ νῦν τούτῳ. Καὶ γὰρ Παγασὰς ἀπαιτεῖν αὐτόν
εἰσιν ἐψηφισμένοι, καὶ Μαγνησίαν κεκωλύκασι τειχίζειν·
ἤκουον δ' ἔγωγέ τινων ὡς οὐδὲ τοὺς λιμένας καὶ τὰς ἀγορὰς ἔτι δώσοιεν αὐτῷ καρποῦσθαι· τὰ γὰρ κοινὰ τὰ Θετταλῶν ἀπὸ τούτων δέοι διοικεῖν, οὐ Φιλίππου λαμβάνειν.
Ἂν δὲ τούτων ἀποστερηθῇ τῶν χρημάτων, εἰς στενὸν κομιδῇ τὰ τῆς τροφῆς τοῖς ξένοις αὐτῷ καταστήσεται. Ἀλλὰ
μὴν τόν γε Παίονα, καὶ τὸν Ἰλλυριὸν, καὶ ἁπλῶς τούτους
ἅπαντας, ἡγεῖςαι χρὴ αὐτονόμους ἥδιον ἂν καὶ ἐλευθέρους
ἢ δούλους εἶναι. Καὶ γὰρ ἀήθεις τοῦ κατακούειν τινός εἰσι,
καὶ ἄνθρωπος ὑβριστὴς, ὥς φασι. Καὶ, μὰ Δι', οὐδὲν
ἄπιςον ἴσως. Τὸ γὰρ εὖ πράττειν παρὰ τὴν ἀξίαν, ἀφορμὴ
τοῦ κακῶς φρονεῖν τοῖς ἀνοήτοις γίνεται· διόπερ πολλάκις
δοκεῖ τὸ φυλάξαι τἀγαθὰ τοῦ κτήσασθαι χαλεπώτερον εἶναι. Δεῖ τοίνυν ὑμᾶς, ὦ ἄνδρες Ἀθηναῖοι, τὴν ἀκαιρίαν
τὴν ἐκείνου καιρὸν ὑμέτερον νομίσαντας, ἑτοίμως συνάρασθαι τὰ πράγματα, καὶ πρεσβευομένους ἐφ' ἃ δεῖ, καὶ
στρατευομένους αὐτοὺς, καὶ παροξύνοντας τοὺς ἄλλους

Il est à propos d'examiner la situation actuelle de Philippe, qui n'est pas aussi agréable ni aussi brillante qu'on pourroit le croire, en n'y faisant pas assez d'attention. Non, ce prince n'eût jamais entrepris cette guerre, s'il eût cru trouver de la résistance ; il espéroit emporter la ville d'assaut, mais il a été trompé. Cet embarras imprévu le trouble et l'inquiète ; ajoutez encore les craintes que lui donnent les Thessaliens. Ce peuple est perfide par caractère, il le fut toujours, et le monarque l'éprouve aujourd'hui plus que personne. Ils ont décidé de lui redemander Pagase, et l'ont empêché de fortifier Magnésie. J'ai même entendu dire à quelques-uns d'entr'eux qu'ils ne lui permettroient plus de percevoir des droits dans leurs ports et dans leurs marchés. Car enfin, disent-ils, il seroit plus à propos d'employer cet argent aux besoins communs de la Thessalie, que de le laisser entre les mains de Philippe. Or, s'il est privé de ce revenu, comment entretiendra-t-il ses troupes étrangères ? Pour ce qui est des Péoniens, des Illyriens, de tous les autres peuples qu'il a conquis, ils aimeroient mieux, sans doute, être indépendans que d'être esclaves. Ils ne sont pas accoutumés à obéir ; et Philippe, à ce qu'on dit, est devenu arrogant : ce qui m'étonne d'autant moins, que des succès inattendus ôtent la raison aux gens peu sages. Aussi est-il souvent plus difficile de conserver que d'acquérir.

Profitons, ô Athéniens ! des contre-temps de notre ennemi ; agissons vivement et sans délai ; envoyons des députés partout où il est nécessaire ; animons les autres et marchons nous-mêmes. Ah ! si une occasion pareille s'offroit au monarque, et que la guerre fût sur les confins de l'Attique, avec quelle ardeur ne viendroit-il pas nous attaquer ! Et vous ne rougiriez pas de n'oser faire, quand

ἅπαντας· λογιζομένους, εἰ Φίλιππος λάβοι καθ᾽ ἡμῶν τοιοῦτον καιρὸν, καὶ πόλεμος γένοιτο πρὸς τῇ χώρᾳ, πῶς ἂν αὐτὸν οἴεσθε ἑτοίμως ἐφ᾽ ἡμᾶς ἐλθεῖν. Εἶτ᾽ οὐκ αἰσχύνεσθε εἰ μήδ᾽ ἃ πάθοιτ᾽ ἂν, εἰ δύναιτ᾽ ἐκεῖνος, ταῦτα ποιῆσαι καιρὸν ἔχοντες οὐ τολμήσετε;

X. Ἔτι τοίνυν, ὦ ἄνδρες Ἀθηναῖοι, μηδὲ τοῦθ᾽ ὑμᾶς λανθανέτω, ὅτι νῦν αἵρεσίς ἐστιν ὑμῖν, πότερον ὑμᾶς ἐκεῖ χρὴ πολεμεῖν, ἢ παρ᾽ ὑμῖν ἐκεῖνον. Ἐὰν μὲν γὰρ ἀντέχῃ τὰ τῶν Ὀλυνθίων, ὑμεῖς ἐκεῖ πολεμήσετε, καὶ τὴν ἐκείνου κακῶς ποιήσετε, τὴν ὑπάρχουσαν καὶ τὴν οἰκείαν ταύτην ἀδεῶς καρπούμενοι. Ἂν δ᾽ ἐκεῖνα Φίλιππος λάβῃ, τίς αὐτὸν ἔτι κωλύσει δεῦρο βαδίζειν; Θηβαῖοι; μὴ λίαν πικρὸν εἰπεῖν ᾖ, καὶ συνεισβαλοῦσιν ἑτοίμως. Ἀλλὰ Φωκεῖς; οἱ τὴν οἰκείαν οὐχ οἷοί τε ὄντες φυλάττειν, ἐὰν μὴ βοηθήσητε ὑμεῖς. Ἢ ἄλλος τις; Ἀλλ᾽ ὦ τάν, οὐχὶ βουλήσεται. Τῶν ἀτοπωτάτων μέν τ᾽ ἂν εἴη, εἰ ἃ νῦν ἄνοιαν ὀφλισκάνων ὅμως ἐκλαλεῖ, ταῦτα δυνηθεὶς μὴ πράξει. Ἀλλὰ μὴν ἡλίκα γ᾽ ἐστὶ τὰ διάφορα ἐνθάδε ἢ ἐκεῖ πολεμεῖν, οὐδὲ λόγου προσδεῖν ἡγοῦμαι. Εἰ γὰρ ὑμᾶς δεήσειεν αὐτοὺς τριάκοντα ἡμέρας μόνας ἔξω γενέσθαι, καὶ ὅσα ἀνάγκη στρατοπέδῳ χρωμένους, τῶν ἐκ τῆς χώρας λαμβάνειν, μηδενὸς ὄντος ἐν αὐτῇ πολεμίου λέγω, πλέον ἂν οἶμαι ζημιωθῆναι τοὺς γεωργοῦντας ὑμῶν, ἢ ὅσα εἰς ἅπαντα τὸν προτοῦ πόλεμον δεδαπάνησθε. Εἰ δὲ δὴ πόλεμός τις ἥξει, πόσα χρὴ νομίσαι ζημιωθήσεσθαι; καὶ προσέσθ᾽ ἡ ὕβρις, καὶ ἔτι ἡ τῶν πραγμάτων αἰσχύνη, οὐδεμιᾶς ἐλάττων ζημίας τοῖς γε σώφροσι.

XI. Πάντα δὴ ταῦτα δεῖ συνιδόντας, ἅπαντας βοηθεῖν,

vous en avez l'occasion, ce qu'il feroit bien volontiers, s'il le pouvoit.

Sachez, outre cela, que vous avez aujourd'hui à choisir de porter la guerre dans le pays ennemi ou de la recevoir dans le vôtre. Si Olynthe résiste, vous combattrez sur les terres mêmes du roi de Macédoine, que vous ravagerez, tandis que vous cultiverez vos champs sans crainte. Si Philippe se rend maître de la ville, qui l'empêchera de venir ici? Les Thébains? pour ne rien dire de plus, ils s'uniroient bientôt à lui pour tomber sur nous. Les Phocéens? eux qui ne peuvent se défendre sans notre secours. Quel autre peuple l'empêcheroit? Mais peut-être Philippe n'en aura pas la volonté. Mais ce seroit le comble de la folie, s'il ne faisoit point, quand il en aura le pouvoir, ce dont il se vante déjà avec tant d'imprudence. Il seroit superflu de montrer fort au long combien il est différent de combattre sur nos terres ou sur les siennes. Oui, s'il vous fallait camper hors des murs seulement un mois, et faire vivre une armée dans votre pays, je dis même sans que nul ennemi le foulât, le dommage qu'éprouveroient vos campagnes, l'emporteroit sur toutes les dépenses de la dernière guerre. Mais si l'ennemi vient nous attaquer chez nous, à quel dégât ne faut-il pas s'attendre? Ajoutez l'affront et la honte, plus sensibles que toutes les pertes pour des hommes qui pensent.

Convaincus de ces vérités, excitons-nous tous à se-

καὶ ἀπωθεῖν ἐκεῖσε τὸν πόλεμον· τοὺς μὲν εὐπόρους, ἵν᾽
ὑπὲρ τῶν πολλῶν ὧν, καλῶς ποιοῦντες, ἔχουσι μικρὰ ἀνα-
λίσκοντες, τὰ λοιπὰ καρπῶνται ἀδεῶς· τοὺς δ᾽ ἐν ἡλικίᾳ,
ἵνα τὴν τοῦ πολεμεῖν ἐμπειρίαν ἐν τῇ τοῦ Φιλίππου χώρᾳ
κτησάμενοι, φοβεροὶ φύλακες τῆς οἰκείας ἀκεραίου γένωνται·
τοὺς δὲ λέγοντας, ἵν᾽ αἱ τῶν πεπολιτευμένων αὐτοῖς εὐθύναι
ῥᾴδιαι γένωνται· ὡς, ὁποῖ᾽ ἄττ᾽ ἂν ὑμᾶς περιστῇ τὰ πράγματα, τοιοῦτοι κριταὶ καὶ τῶν πεπραγμένων αὐτοῖς ἔσεστε.
Χρηστὰ δὲ εἴη παντὸς εἵνεκα.

courir Olynthe, et à porter la guerre en Macédoine : ceux qui sont riches, afin que, sacrifiant une légère portion des biens qu'ils possèdent par la faveur des dieux, ils jouissent paisiblement du reste ; ceux qui sont en âge de porter les armes, afin que, s'étant aguerris dans le pays de Philippe, ils reviennent plus en état de défendre leur patrie, qui n'aura pas été entamée ; ceux qui vous gouvernent par la parole, afin qu'il leur soit plus facile de rendre compte des conseils qu'ils vous auront donnés, car vous les jugerez suivant l'issue qu'auront vos affaires. Puissent-elles donc réussir, pour que chacun y trouve son avantage !

S

[illegible]
[illegible]
[illegible]
[illegible]
[illegible]
[illegible]

P[illegible]
[illegible]
[illegible]
[illegible]
[illegible]
[illegible]

C[illegible]
[illegible]
F[illegible]
[illegible]
il [illegible]

ANALYSE

DE LA

SECONDE OLYNTHIENNE.

Exorde. — L'orateur entre en matière sur-le-champ et presque sans préambule. Il se contente de dire, en peu de mots, que les Dieux, en permettant que Philippe devînt si odieux aux habitants d'une ville limitrophe de ses états, ont donné aux Athéniens une preuve de leur faveur signalée, dont il serait honteux pour ceux-ci de ne pas profiter.

Proposition. — Démosthène, dans ce discours, ne s'attachera point à faire le tableau de la puissance de Philippe ; et il s'explique franchement sur les motifs qui l'empêchent de le faire : il se propose uniquement de démontrer nettement et par des faits la perfidie et la mauvaise foi de ce prince.

Confirmation. — En conséquence, l'orateur présente un exposé succinct de la conduite artificieuse et criminelle de Philippe envers les Athéniens, les Olynthiens et les Thessaliens. Puis, tirant de cet exposé un moyen plein de force, il établit que, puisque les artifices de Philippe sont connus, ce prince doit perdre une puissance dont il leur était uniquement redevable.

Mais, dira-t-on, Philippe saura conserver par la force ce dont il s'est rendu maître par la ruse. A cette objection, Démosthène répond en démontrant qu'il n'y a de puissance véritablement solide que celle qui est appuyée par la confiance de ses alliés ; et après avoir montré tout ce

que la position de Philippe a de désavantageux, il engage les Athéniens à secourir promptement et vigoureusement les Olynthiens : il les exhorte à envoyer aussi des députés chez les Thessaliens ; mais, avant tout, à lever des troupes, à les faire marcher, enfin à prouver qu'ils font réellement la guerre à Philippe ; et cela, afin que leurs députés aient, au lieu de promesses stériles à donner, des faits à citer pour convaincre ces peuples. C'est alors, ajoute-t-il, que l'on connaîtra toute la faiblesse de Philippe.

Développant alors cette dernière proposition, Démosthène prouve, par de nombreux exemples, que la Macédoine, faible par elle-même, n'a quelque force que lorsqu'elle est soutenue par des alliés ; mais que Philippe l'a encore affaiblie par son ambition insatiable, en la condamnant à des guerres sans fin, et en retenant dans ses camps l'élite d'une population déjà épuisée ; qu'il lui ôte tous les jours ce qui lui reste de force, en éloignant des rangs de son armée les étrangers dont les talents militaires lui font ombrage, et surtout en écartant les gens de bien pour accorder son amitié et ses faveurs à des hommes méchants et méprisables. — La prospérité, ajoute l'orateur, ne permet pas qu'on voie la position de Philippe telle qu'elle est réellement ; mais le moindre revers la mettrait au grand jour.

Mais, dira-t-on, la fortune favorise Philippe : la fortune, répond l'orateur, est encore plus favorable aux Athéniens, et ceux-ci méritent mieux que Philippe la protection des Dieux. Seulement, ajoute-t-il, le roi de Macédoine profite de tout et se garde bien de rien négliger, tandis que les Athéniens savent rarement agir ou n'agissent qu'avec mollesse. C'était-là qu'en voulait venir l'orateur, et il appuie fortement sur ce parallèle pour décider les Athéniens à prendre des mesures promptes et décisives.

Il faut, dit-il, s'empresser de faire des fonds pour la

guerre, se mettre en campagne sur-le-champ, se montrer juste à l'égard des généraux, afin de ne leur laisser aucun prétexte pour manquer à leurs devoirs, et donner au pouvoir une unité sans laquelle il ne saurait l'exercer utilement.

Péroraison. — L'orateur termine en peu de mots : son discours est précis et plein de choses, il n'a donc rien à récapituler. Il se contente de dire que chaque citoyen doit contribuer ou de sa personne ou de ses conseils ou de sa fortune à cette guerre devenue indispensable, et que l'on doit donner à chacun la faculté d'exprimer librement son avis, pour choisir ensuite celui qui paraîtra le meilleur.

ΔΗΜΟΣΘΕΝΟΥΣ

ΟΛΥΝΘΙΑΚΟΣ ΛΟΓΟΣ ΔΕΥΤΕΡΟΣ.

I. Ἐπὶ πολλῶν μὲν ἄν τις ἰδεῖν, ὦ ἄνδρες Ἀθηναῖοι, δοκεῖ μοι τὴν παρὰ τῶν Θεῶν εὔνοιαν φανερὰν γενομένην τῇ πόλει· οὐχ ἥκιστα δὲ ἐν τοῖς παροῦσι πράγμασι. Τὸ γὰρ τοὺς πολεμήσοντας Φιλίππῳ γεγενῆσθαι, καὶ χώραν ὅμορον καὶ δύναμίν τινα κεκτημένους, καὶ, τὸ μέγιστον ἁπάντων, τὴν ὑπὲρ τοῦ πολέμου γνώμην τοιαύτην ἔχοντας, ὥστε τὰς πρὸς ἐκεῖνον διαλλαγὰς, πρῶτον μὲν ἀπίστους, εἶτα τῆς ἑαυτῶν πατρίδος νομίζειν ἀνάστασιν εἶναι· δαιμονίᾳ τινὶ καὶ Θείᾳ παντάπασιν ἔοικεν εὐεργεσίᾳ. Δεῖ τοίνυν, ὦ ἄνδρες Ἀθηναῖοι, τοῦτ' ἤδη σκοπεῖν αὐτοὺς, ὅπως μὴ χείρους περὶ ἡμᾶς αὐτοὺς εἶναι δόξωμεν τῶν ὑπαρχόντων· ὡς ἔστι τῶν αἰσχρῶν, μᾶλλον δὲ τῶν αἰσχίστων, μὴ μόνον πόλεων καὶ τόπων ὧν ἦμέν ποτε κύριοι, φαίνεσθαι προϊεμένους, ἀλλὰ καὶ τῶν ὑπὸ τῆς τύχης παρασκευασθέντων συμμάχων τὲ καὶ καιρῶν.

II. Τὸ μὲν οὖν, ὦ ἄνδρες Ἀθηναῖοι, τὴν Φιλίππου ῥώμην διεξιέναι, καὶ διὰ τούτων τῶν λόγων προτρέπειν τὰ δέοντα ποιεῖν ὑμᾶς, οὐχὶ καλῶς ἔχειν ἡγοῦμαι. Διὰ τί; ὅτι μοι δοκεῖ πάνθ' ὅσα ἂν εἴποι τίς ὑπὲρ τούτων, ἐκείνῳ

DEUXIÈME OLYNTHIENNE

DE DÉMOSTHÈNE.

ATHÉNIENS, si jamais les Dieux nous ont donné des preuves sensibles de leur bienveillance, c'est aujourd'hui surtout qu'ils s'expliquent par des témoignages frappans. Des ennemis qui se déclarent contre Philippe, des ennemis voisins de ses états et assez puissans pour se faire craindre; enfin des ennemis qui pensent assez mal de ce monarque pour regarder toute paix avec lui comme peu sûre, ou même comme la ruine de leur patrie; c'est là ce que j'appelle la faveur du ciel la plus insigne et le bonheur le plus marqué. Vous devez donc, ATHÉNIENS, vous devez reconnoître un pareil bienfait par une conduite qui y réponde. Il seroit humiliant, que dis-je? ce seroit un opprobre, qu'après avoir abandonné les villes et les places dont vous étiez les maîtres, on vous vît encore rejeter les alliances et les occasions que la fortune vient vous offrir.

N'attendez pas que je m'étende ici sur les conquêtes de Philippe, et que je cherche par-là à réveiller votre ardeur assoupie. Pourquoi? C'est que, sans doute, ce détail ne ferait que relever sa gloire et constater votre honte. Oui, plus les succès de ce prince sont incroyables,

μὲν ἔχειν φιλοτιμίαν τινὰ, ὑμῖν δ᾽ οὐχὶ καλῶς πεπρᾶχθαι. Ὁ μὲν γὰρ ὅσῳ πλείονα ὑπὲρ τὴν ἀξίαν πεποίηκε τὴν αὑτοῦ, τοσούτῳ θαυμαστότερος παρὰ πᾶσι νομίζεται· ὑμεῖς δὲ, ὅσῳ χεῖρον ἢ προσῆκε κέχρησθε τοῖς πράγμασι, τοσούτῳ πλείονα αἰσχύνην ὠφλήκατε. Ταῦτα μὲν οὖν παραλείψω. Καὶ γὰρ εἰ μετ᾽ ἀληθείας τις, ὦ ἄνδρες Ἀθηναῖοι, σκοποῖτο, ἐνθένδ᾽ ἂν αὐτὸν ἴδοι μέγαν γεγενημένον, οὐχὶ παρ᾽ αὑτοῦ. Ὧν οὖν ἐκεῖνος μὲν ὀφείλει τοῖς ὑπὲρ αὐτοῦ πεπολιτευμένοις χάριν, ὑμῖν δὲ δίκην προσήκει λαβεῖν, ὑπὲρ τούτων οὐχὶ νῦν ὁρῶ τὸν καιρὸν τοῦ λέγειν. Ἃ δὲ καὶ χωρὶς τούτων ἔνι, καὶ βέλτιστόν ἐστιν ἀκηκοέναι πάντας ὑμᾶς, καὶ μεγάλα, ὦ ἄνδρες Ἀθηναῖοι, κατ᾽ ἐκείνου φαίνοιτ᾽ ἂν ὀνείδη βουλομένοις ὀρθῶς δοκιμάζειν, ταῦτ᾽ εἰπεῖν πειράσομαι.

III. Τὸ μὲν οὖν ἐπίορκον καὶ ἄπιστον καλεῖν, ἄνευ τοῦ τὰ πεπραγμένα δεικνύναι, λοιδορίαν εἶναί τις ἂν φήσειε κενὴν, δικαίως· τὸ δὲ πάνθ᾽ ὅσα πώποτ᾽ ἔπραξε, διεξιόντα, ἐφ᾽ ἅπασι τούτοις ἐλέγχειν, καὶ βραχέος λόγου συμβαίνει δεῖσθαι, καὶ δυοῖν ἕνεκα ἡγοῦμαι συμφέρειν εἰρῆσθαι, τοῦ τ᾽ ἐκεῖνον, ὅπερ καὶ ἀληθὲς ὑπάρχει, φαῦλον φαίνεσθαι· καὶ τοῦ τοὺς ὑπερεκπεπληγμένους ὡς ἄμαχόν τινα τὸν Φίλιππον, ἰδεῖν ὅτι πάντα διεξελήλυθεν, οἷς πρότερον παρακρουόμενος, μέγας νῦν ηὐξήθη, καὶ πρὸς αὐτὴν ἥκει τὴν τελευτὴν τὰ πράγματα αὐτῷ. Ἐγὼ μὲν γὰρ, ὦ ἄνδρες Ἀθηναῖοι, σφόδρα ἂν ἡγούμην καὶ αὐτὸς φοβερὸν εἶναι τὸν Φίλιππον καὶ θαυμαστὸν, εἰ τὰ δίκαια πράττοντα ἑώρων αὐτὸν ηὐξημένον. Νῦν δὲ, θεωρῶν καὶ σκοπῶν εὑρίσκω, τὴν μὲν ἡμετέραν εὐήθειαν τὸ κατ᾽ ἀρχὰς, ὅτε Ὀλυν-

plus il doit paroître un homme étonnant : au contraire, plus les occasions que vous avez perdues étoient favorables, plus vous devez rougir de n'avoir su en profiter: Je passerai donc sous silence tout ce qui regarde la grandeur de Philippe; il vous suffit de l'envisager pour voir qu'elle est entièrement notre ouvrage. Je tairai des succès dont il n'est redevable qu'à certains de vos ministres qui le servent, et que vous négligez de punir ; mais tout ce qui n'a point de rapport à sa fortune, tout ce qu'il est de votre intérêt de savoir, et que je croirai le plus propre à le décrier dans l'esprit des gens sages, c'est, Athéniens, sur quoi je ne saurai me taire, et par où je vais commencer.

Si, sans alléguer de preuves, je lui prodiguois les noms de parjure et de traître, on pourroit me regarder comme un vain déclamateur, et je n'aurois aucun droit de m'en plaindre; mais, sans me consumer en paroles inutiles, je puis le convaincre des plus grandes perfidies, et je crois qu'il est convenable de les exposer au grand jour, pour deux raisons : la première, pour le faire connoître; la seconde, pour que tous ceux qui pourroient le redouter comme un ennemi invincible, sachent que tous les artifices dont il a usé pour s'accroître, sont épuisés, et que sa fortune est au moment de changer.

Pour moi, Athéniens, je pourrois, comme les autres, l'admirer et le craindre, si je l'eusse vu s'avancer par des voies droites et légitimes ; mais quand je me rappelle ce jour où les députés d'Olynthe, qui étoient venus

θίους ἀπήλαυνόν τινες ἐνθένδε βουλομένους ἡμῖν διαλεχθῆ-
ναι, τῷ τὴν Ἀμφίπολιν φάσκειν παραδώσειν, καὶ τῷ θρυλ-
λούμενόν ποτε τὸ ἀπόῤῥητον ἐκεῖνο κατασκευάσαι, τούτῳ
προσαγόμενον· τὴν δὲ Ὀλυνθίων φιλίαν μετὰ ταῦτα, τῷ
Ποτίδαιαν, οὖσαν ἡμετέραν, ἐξελεῖν, καὶ τοὺς μὲν πρότερον συμμάχους ἡμᾶς ἀδικῆσαι, παραδοῦναι δὲ ἐκείνοις· Θετταλοὺς δὲ νῦν τὰ τελευταῖα, τῷ Μαγνησίαν παραδώσειν
ὑποσχέσθαι, καὶ τὸν Φωκικὸν πόλεμον ὑπὲρ αὐτῶν πολεμή-
σειν ἀναδέξασθαι. Ὅλως δὲ οὐδείς ἐστιν ὅντιν᾽ οὐ πεφενάκι-
κεν ἐκεῖνος τῶν αὐτῷ χρησαμένων. Τὴν γὰρ ἑκάστων ἄνοιαν
αἰεὶ τῶν ἀγνοούντων αὐτὸν ἐξαπατῶν καὶ προσλαμβάνων,
οὕτως ηὐξήθη. Ὥσπερ οὖν διὰ τούτων ἤρθη μέγας, ἡνίκα
ἕκαστοι συμφέρον αὐτὸν ἑαυτοῖς ᾤοντό τι πράξειν· οὕτως
ὀφείλει διὰ τῶν αὐτῶν τούτων καὶ καθαιρεθῆναι πάλιν,
ἐπειδὴ πάνθ᾽ ἕνεκα ἑαυτοῦ ποιῶν ἐξελήλεγκται.

ΙV. Καιροῦ μὲν δὴ, ὦ ἄνδρες Ἀθηναῖοι, πρὸς τοῦτο
πάρεστι Φιλίππῳ τὰ πράγματα, ἢ παρελθών τις ἐμοί,
μᾶλλον δὲ ὑμῖν, δειξάτω, ἢ ὡς οὐκ ἀληθῆ ταῦτ᾽ ἐγὼ λέγω,
ἢ ὡς οἱ τὰ πρῶτα ἐξηπατημένοι, τὰ λοιπὰ πιστεύσουσιν
αὐτῷ, ἢ ὡς οἱ παρὰ τὴν αὐτῶν ἀξίαν δεδουλωμένοι Θετ-
ταλοί, νῦν οὐκ ἂν ἐλεύθεροι γένοιντο ἄσμενοι. Καὶ μὴν εἴ
τις ὑμῶν ταῦτα μὲν οὕτως ἔχειν ἡγεῖται, οἴεται δὲ βίᾳ
καθέξειν αὐτὸν τὰ πράγματα, τῷ τὰ χώρια καὶ λιμένας καὶ
τὰ τοιαῦτα προειληφέναι· οὐκ ὀρθῶς οἴεται. Ὅταν μὲν γὰρ
ὑπ᾽ εὐνοίας τὰ πράγματα συστῇ, καὶ πᾶσι ταῦτα συμφέρῃ
τοῖς μετέχουσι τοῦ πολέμου· καὶ συμπονεῖν, καὶ φέρειν τὰς
συμφορὰς, καὶ μένειν ἐθέλουσιν οἱ ἄνθρωποι. Ὅταν δ᾽ ἐκ
πλεονεξίας καὶ πονηρίας τὶς, ὥσπερ οὗτος, ἰσχύσῃ, ἡ

pour vous parler, furent forcés de repartir sans avoir été entendus, je reconnois qu'il a trompé notre bonne foi en nous flattant de nous rendre maîtres d'Amphipolis, et en paroissant vouloir exécuter ce projet fameux annoncé depuis long-temps avec autant d'appareil que de mystère, je vois qu'après nous avoir joués, il a surpris l'amitié des Olynthiens, en leur donnant la ville de Potidée qu'il nous enlevoit malgré notre ancienne alliance avec la Macédoine ; je vois qu'en dernier lieu il a séduit les Thessaliens, par la promesse de leur rendre Magnésie, et de prendre sur lui tout le fardeau de la guerre de Phocide ; enfin, de tous ceux qui ont eu affaire à ce prince, il n'en est pas qu'il n'ait attiré dans ses piéges ; il a trompé tous ceux qui, faute de le connoître, ont pu ajouter foi à ses paroles, et voilà l'origine de sa grandeur. Mais s'il s'est élevé en persuadant aux autres qu'il ne travailloit que pour eux, par la raison contraire, il tombera, s'il est prouvé qu'il n'a jamais travaillé que pour lui-même.

Or, je soutiens que c'est la position où se trouve le roi de Macédoine. Si quelqu'un me conteste ce que j'avance, je lui cède ma place ; qu'il me dise, ou plutôt qu'il vous prouve que je suis dans l'erreur, ou que des hommes, une fois trompés par ce monarque, voudront toujours l'être, ou qu'enfin les peuples de Thessalie, qu'il retient dans le plus dur esclavage, ne s'estimeront pas trop heureux d'en sortir.

En convenant de ce que je dis, on auroit tort de se figurer que Philippe, maître de tant de places, de tant de ports, de tant d'autres avantages dont il s'est assuré, se soutiendra toujours par la force. Il est vrai que quand la puisssance est fondée sur l'amour des peuples, et que des alliés qui font la guerre ont le même intérêt à la continuer, aucun travail ne les rebute, aucun revers ne

2*

πρώτη πρόφασις καὶ μικρὸν πταῖσμα ἅπαντα ἀνεχαίτισε καὶ διέλυσεν. Οὐ γάρ ἐστιν, οὐκ ἐστὶν, ὦ ἄνδρες Ἀθηναῖοι, ἀδικοῦντα, καὶ ἐπιορκοῦντα, καὶ ψευδόμενον, δύναμιν βεβαίαν κτήσασθαι· ἀλλὰ τὰ τοιαῦτα εἰς μὲν ἅπαξ καὶ βραχὺν χρόνον ἀντέχει, καὶ σφόδρά γε ἤνθησεν ἐπὶ ταῖς ἐλπίσιν, ἂν τύχῃ, τῷ χρόνῳ δὲ φωρᾶται, καὶ περὶ αὐτὰ καταῤῥεῖ. Ὥσπερ γὰρ οἰκίας, οἶμαι, καὶ πλοίου, καὶ τῶν ἄλλων τῶν τοιούτων, τὰ κάτωθεν ἰσχυρότατα εἶναι δεῖ· οὕτω καὶ τῶν πράξεων τὰς ἀρχὰς καὶ τὰς ὑποθέσεις ἀληθεῖς καὶ δικαίας εἶναι προσήκει. Τοῦτο δὲ οὐκ ἔνι νῦν ἐν τοῖς πεπραγμένοις Φιλίππῳ.

V. Φημὶ δὴ δεῖν ὑμᾶς ἅμα τοῖς μὲν Ὀλυνθίοις βοηθεῖν, καὶ ὅπως τίς λέγει κάλλιστα καὶ τάχιστα, οὕτως ἀρέσκει μοι· πρὸς δὲ Θετταλοὺς πρεσβείαν πέμπειν, ἣ τοὺς μὲν διδάξει ταῦτα, τοὺς δὲ παροξυνεῖ· καὶ γὰρ νῦν εἰσιν ἐψηφισμένοι Παγασὰς ἀπαιτεῖν, καὶ περὶ Μαγνησίας λόγους ποιεῖσθαι. Σκοπεῖστε μέντοι τοῦτο, ὦ ἄνδρες Ἀθηναῖοι, ὅπως μὴ λόγους ἐροῦσι μόνον οἱ παρ' ἡμῶν πρεσβεῖς, ἀλλὰ καὶ ἔργον τι δεικνύειν ἕξουσιν, ἐξεληλυθότων ὑμῶν ἀξίως τῆς πόλεως, καὶ ὄντων ἐπὶ τοῖς πράγμασιν. Ὡς ἅπας μὲν λόγος, ἂν ἀπῇ τὰ πράγματα, μάταιόν τι φαίνεται καὶ κενὸν, μάλιστα δὲ ὁ παρὰ τῆς ἡμετέρας πόλεως· ὅσῳ γὰρ ἑτοιμότατ' αὐτῷ δοκοῦμεν χρῆσθαι, τοσούτῳ μᾶλλον ἀπιστοῦσι πάντες αὐτῷ.

VI. Πολλὴν δὲ τὴν μετάστασιν καὶ μεγάλην δεικτέον τὴν μεταβολὴν, εἰσφέροντας, ἐξιόντας, ἅπαντα ποιοῦντας

les décourage, rien ne peut les faire changer de parti; mais lorsque la grandeur d'un homme n'est l'ouvrage, comme celle de Philippe, que de l'ambition et de la mauvaise foi, le plus léger échec, le moindre coup suffit pour l'ébranler et pour l'abattre; car il n'est pas possible, Athéniens, non, il ne l'est pas qu'un injuste, un imposteur, un parjure ait des succès constans. Il peut bien tromper une fois, et réaliser par hasard une partie de de ses espérances; mais bientôt il se démasque, et ne tarde pas à voir l'édifice de sa fortune se dissoudre et s'écrouler. Et, comme pour être durables, une maison, un vaisseau, un bâtiment quelconque, doivent avoir un fondement solide; de même, pour être constamment heureuse, une entreprise doit avoir pour principe et pour base la justice et la vérité, et c'est par là que manquent toutes celles de Philippe.

Pour revenir à mon sujet, je dis d'abord que vous devez secourir Olynthe, et la secourir le plus promptement, le plus efficacement qu'il vous sera possible. Je dis en second lieu que vous devez envoyer des députés aux Thessaliens, afin de les instruire et de les animer : nous savons qu'ils ont résolu de redemander Pagase, et de faire valoir leur droits sur Magnésie. Cependant, Athéniens, que vos députés ne se présentent pas avec de simples paroles, qu'ils annoncent des faits de votre part, qu'on sache que vous vous êtes mis en campagne avec un courage digne de vous, et que vous êtes sérieusement occupés des affaires; car si toute parole, sans les effets, n'est qu'un vain son, elle doit paroître suspecte, surtout dans la bouche de nos citoyens, qui courent d'autant plus risque de n'être pas crus, qu'ils passent pour avoir le talent de bien parler.

Il faut donc changer de système et de conduite, contribuer de nos fortunes, payer de nos personnes, nous

ἑτοίμως, εἴπερ τις ὑμῖν προσέξει τὸν νοῦν. Κἂν ταῦτα
ἐθελήσητε ὡς προσήκει καὶ δεῖ περαίνειν, οὐ μόνον, ὦ
ἄνδρες Ἀθηναῖοι, τὰ συμμαχικὰ ἀσθενῶς καὶ ἀπίστως
ἔχοντα φανήσεται Φιλίππῳ, ἀλλὰ καὶ τὰ τῆς οἰκείας ἀρχῆς
καὶ δυνάμεως κακῶς ἔχοντα ἐξελεγχθήσεται. Ὅλως μὲν
γὰρ ἡ Μακεδονικὴ δύναμις καὶ ἀρχὴ, ἐν μὲν προσθήκης
μέρει, ἐστί τις οὐ σμικρά· οἷον ὑπῆρξε πόθ᾽ ὑμῖν ἐπὶ Τιμο-
θέου πρὸς Ὀλυνθίους· πάλιν αὖ πρὸς Ποτίδαιαν Ὀλυνθίοις
ἐφάνη τι τοῦτο συναμφότερον· νυνὶ δὲ Θετταλοῖς νοσοῦσι
καὶ στασιάζουσι καὶ τεταραγμένοις ἐπὶ τὴν τυραννικὴν οἰκίαν ἐβοήθησε. Καὶ ὅποι τις ἂν, οἶμαι, προσθῇ κἂν μικρὰν
δύναμιν, πάντ᾽ ὠφελεῖ. Αὐτὴ δὲ καθ᾽ αὑτὴν ἀσθενὴς καὶ
πολλῶν κακῶν ἐστι μεστή. Καὶ γὰρ οὗτος ἅπασι τούτοις
οἷς ἄν τις μέγαν αὐτὸν ἡγήσαιτο, τοῖς πολέμοις καὶ ταῖς
στρατείαις, ἔτ᾽ ἐπισφαλεστέραν αὐτὴν ἢ ὑπῆρχε φύσει, κα-
τεσκεύακεν ἑαυτῷ. Μὴ γὰρ οἴεσθε, ὦ ἄνδρες Ἀθηναῖοι,
τοῖς αὐτοῖς Φίλιππόν τε χαίρειν, καὶ τοὺς ἀρχομένους·
ἀλλ᾽ ὁ μὲν δόξης ἐπιθυμεῖ, καὶ τοῦτο ἐζήλωκε καὶ προῄ-
ρηται πράττων καὶ κινδυνεύων, ἂν συμβῇ τι, παθεῖν, τὴν
τοῦ διαπράξασθαι ταῦτα ἃ μηδεὶς πώποτε ἄλλος Μακεδόνων βασιλεὺς δόξαν ἀντὶ τοῦ ζῆν ἀσφαλῶς ᾑρημένος. Τοῖς
δὲ, τῆς μὲν φιλοτιμίας τῆς ἀπὸ τούτων οὐ μέτεστι· κοπτό-
μενοι δὲ ἀεὶ ταῖς στρατείαις ταύταις ταῖς ἄνω τε καὶ κάτω,
λυποῦνται καὶ συνεχῶς ταλαιπωροῦσιν, οὔτ᾽ ἐπὶ τοῖς ἔργοις, οὔτ᾽ ἐπὶ τοῖς αὑτῶν ἰδίοις ἐώμενοι διατρίβειν, οὔθ᾽
ὅσ᾽ ἂν πορίσωσιν οὕτως ὅπως ἂν δύνωνται, ταῦτ᾽ ἔχοντες
διαθέσθαι, κεκλεισμένων τῶν ἐμπορίων τῶν ἐν τῇ χώρᾳ
διὰ τὸν πόλεμον.

porter à tout avec ardeur, sans quoi on ne nous écoutera pas; mais si nous agissons comme il est convenable et nécessaire, nous verrons les amis de Philippe plus circonspects et plus timides s'éloigner de lui, en même temps que nous découvrirons les vices intérieurs de ses états et la foiblesse de sa puissance.

En général, les forces de la Macédoine, unies à d'autres, ne sont pas méprisables. Vous l'avez éprouvé vous-même, lorsque, sous la conduite de Timothée, vous marchâtes contre les Olynthiens; les Olynthiens, à leur tour, en ont senti les heureux effets lorsqu'ils assiégèrent Potidée; les Macédoniens viennent encore de secourir, contre la famille des tyrans, les Thessaliens livrés à la discorde, et déchirés par les factions. Le poids le plus léger, ajouté de part ou d'autre, fait pencher la balance. Mais de sa nature, la Macédoine est foible, elle pèche par bien des côtés; et ces guerres, ces combats que plusieurs admirent comme le principe de la grandeur de son roi, n'ont fait que rendre plus fragile encore cette nouvelle puissance.

Car ne vous imaginez pas que Philippe et ceux qui lui obéissent, soient animés des mêmes sentimens. Lui ne respire que la gloire, ne voit et ne poursuit que la gloire au milieu des périls et des travaux, préférant aux douceurs d'une vie tranquille l'honneur d'avoir exécuté ce qu'aucun roi de Macédoine n'avoit encore entrepris. Ceux qu'il commande, sont bien loin de partager l'ambition qui le dévore; las de courir de contrée en contrée pour des expéditions sans cesse renaissantes, ils détestent et maudissent une guerre qui les empêche de cultiver leurs champs, de vaquer à leurs affaires domestiques, et de s'occuper dans un pays, dont les ports sont fermés de toutes parts, du commerce des denrées qu'ils ont recueillies comme ils ont pu.

VII. Οἱ μὲν οὖν πολλοὶ Μακεδόνων πῶς ἔχουσι Φιλίππῳ, ἐκ τούτων ἄν τις σκέψαιτο οὐ χαλεπῶς. Οἱ δὲ δὴ
περὶ αὐτὸν ὄντες ξένοι, καὶ πεζέταιροι, δόξαν μὲν ἔχουσιν
ὡς εἰσὶ θαυμαςοὶ καὶ συγκεκροτημένοι τὰ τοῦ πολέμου,
ὡς δ᾽ ἐγὼ τῶν ἕν αὐτῇ τῇ χώρᾳ γεγενημένων τινὸς ἤκουον,
ἀνδρὸς οὐδαμῶς οἵου τε ψεύδεσθαι, οὐδένων εἰσὶ βελτίους;
Εἰ μὲν γάρ τις ἀνήρ ἐστιν ἐν αὐτοῖς, οἷος ἔμπειρος πολέμου καὶ ἀγώνων, τούτους μὲν φιλοτιμίᾳ πάντας ἀπωθεῖν
αὐτὸν ἔφη, βουλόμενον πάντα αὐτοῦ δοκεῖν εἶναι τὰ ἔργα·
πρὸς γὰρ αὖ τοῖς ἄλλοις, καὶ τὴν φιλοτιμίαν τἀνδρὸς ἀνυ-
περβλήτον εἶναι. Εἰ δέ τις σώφρων, ἢ δίκαιος ἄλλως, τὴν
καθ᾽ ἡμέραν ἀκρασίαν τοῦ βίου, καὶ μέθην, καὶ κορδακισ-
μοὺς, οὐ δυνάμενος φέρειν, παρεωρᾶσθαι καὶ ἐν οὐδενὸς
εἶναι μέρει τὸν τοιοῦτον. Λοιποὺς δὴ περὶ αὐτὸν εἶναι λῃσ-
τὰς, καὶ κόλακας, καὶ τοιούτους ἀνθρώπους οἵους μεθυσ-
θέντας ὀρχεῖσθαι τοιαῦτα οἷα ἐγὼ νῦν ὀκνῶ πρὸς ὑμᾶς
ὀνομάσαι. Δῆλον δ᾽ ὅτι ταῦτ᾽ ἐστὶν ἀληθῆ. Καὶ γὰρ οὓς
ἐνθένδε πάντες ἀπήλαυνον ὡς πολὺ τῶν θαυματοποιῶν
ἀσελγεστέρους ὄντας, Καλλίαν ἐκεῖνον τὸν δημόσιον, καὶ
τοιούτους ἀνθρώπους, μίμους γελοίων, καὶ ποιητὰς
αἰσχρῶν ἀσμάτων, ὧν εἰς τοὺς σύνοντας ποιοῦσιν ἕνεκα
τοῦ γελασθῆναι, τούτους ἀγαπᾷ καὶ περὶ αὐτὸν ἔχει. Καί
τοι ταῦτα εἰ καὶ μικρά τις ἡγεῖται, μεγάλα, ὦ ἄνδρες
Ἀθηναῖοι, δείγματα τῆς ἐκείνου γνώμης καὶ κακοδαιμονίας
ἐστὶ τοῖς εὖ φρονοῦσιν. Ἀλλ᾽, οἶμαι, νῦν μὲν ἐπισκοτεῖ
τούτοις τὸ κατορθοῦν. Αἱ γὰρ εὐπραξίαι δειναὶ συγκρύψαι
καὶ συσκιάσαι τὰ τοιαῦτα ὀνείδη· εἰ δέ τι πταίσειε, τότε
ἀκριβῶς αὐτοῦ πάντ᾽ ἐξετασθήσεται. Δοκεῖ δ᾽ ἔμοιγε, ὦ

De là vous pouvez juger, sans peine, comment sont disposés à son égard le plus grand nombre de ses sujets.

Quant aux étrangers qu'il tient à son service, et à cette infanterie qui compose sa garde, ils passent, il est vrai, pour d'excellens soldats ; mais si j'en crois le rapport d'un homme digne de foi, qui est du pays même, ils ne lui sont pas plus attachés que d'autres. Si dans le nombre, me disoit-il, il s'en trouve qui se distiguent par leur courage et par leurs talens, offensé de leur gloire et voulant seul paroître, Pilippe les écarte ; car, sans parler de ses autres vices, il est jaloux jusqu'à la fureur. En est-il quelqu'un, me disoit-il encore, trop pudique et trop sage pour approuver la licence de ses mœurs, pour partager ses excès et se prêter à ses danses infâmes, il le néglige et n'en fait aucun cas. Il n'aime et n'approche de sa personne que des brigands, des flatteurs, des scélérats, qui dans l'ivresse ne rougissent point de se livrer à des horreurs dont je rougirois de parler. Ce qui prouve la vérité de ce récit, c'est que d'indignes baladins, chassés d'ici pour leurs vices, un Callias, esclave public, et ses pareils, misérables bouffons, faiseurs de chansons obscènes, diseurs de bons mots, aux traits desquels Philippe abandonne ses convives, ce sont les gens avec lesquels il vit, et les seuls qui lui plaisent.

Ces objets paroîtront peut-être peu importans aux yeux de quelques hommes frivoles ; mais au tribunal des gens sensés, ils prouveront, ô ATHÉNIENS ! toute la folie et toute la corruption de Philippe. Vous voyez maintenant ses vices couverts de l'éclat de ses succès (c'est le propre de la prospérité de jeter un voile sur tout ce qu'on a intérêt de cacher) : mais au moindre revers qu'il éprouvera, vous verrez paroître au grand jour toutes ses infamies. Et ce moment n'est pas loin, si les dieux le veulent, et si vous ne vous y refusez pas. Comme

ἄνδρες Ἀθηναῖοι, δείξειν οὐκ εἰς μακρὰν, ἂν οἵ τε θεοὶ θέλωσι, καὶ ὑμεῖς βούλησθε. Ὥσπερ γὰρ ἐν τοῖς σώμασιν ἡμῶν, ἕως μὲν ἂν ἐῤῥωμένος ᾖ τις, οὐδὲν ἐπαισθάνεται τῶν καθέκασθα σαθρῶν· ἐπὰν δὲ ἀῤῥώστημά τι συμβῇ, πάντα κινεῖται, κἂν ῥῆγμα, κἂν στρέμμα, κἂν ἄλλο τι τῶν ὑπαρχόντων σαθρὸν ᾖ. Οὕτω καὶ τῶν πόλεων, καὶ τῶν τυράννων, ἕως μὲν ἂν ἔξω πολεμῶσιν, ἀφανῆ τὰ κακὰ τοῖς πολλοῖς ἐστίν· ἐπειδὰν δὲ ὅμορος πόλεμος συμπλακῇ, πάντα ἐποίησεν ἔκδηλα.

VIII. Εἰ δέ τις ὑμῶν, ὦ ἄνδρες Ἀθηναῖοι, τὸν Φίλιππον εὐτυχοῦντα ὁρῶν, ταύτῃ φοβερὸν προσπολεμῆσαι νομίζει, σώφρονος μὲν ἀνθρώπου λογισμῷ χρῆται· μεγάλη γὰρ ῥοπὴ, μᾶλλον δὲ ὅλον ἡ τύχη παρὰ πάντ᾽ ἐστὶ τὰ τῶν ἀνθρώπων πράγματα· οὐ μὴν ἀλλ᾽ ἔγω γε, εἴ τις αἵρεσίν μοι δοίη, τὴν τῆς ἡμετέρας πόλεως τύχην ἂν ἑλοίμην, ἐθελόντων ἃ προσήκει ποιεῖν ὑμῶν αὐτῶν καὶ κατὰ μικρὸν, ἢ τὴν ἐκείνου. Πολὺ γὰρ πλείους ἀφορμὰς εἰς τὸ τὴν παρὰ τῶν θεῶν εὔνοιαν ἔχειν ὁρῶ ὑμῖν ἐνούσας ἢ ἐκείνῳ. Ἀλλ᾽, οἶμαι, καθήμεθα, οὐδὲν ποιοῦντες. Οὐκ ἔνι δ᾽ αὐτὸν ἀργοῦντα, οὐδὲ φίλοις ἐπιτάττειν ὑπὲρ αὐτοῦ τί ποιεῖν, μή τι γε δὴ τοῖς θεοῖς. Οὐ δὴ θαυμαστόν ἐστιν, εἰ στρατευόμενος, καὶ πονῶν ἐκεῖνος αὐτός, καὶ παρὼν ἐφ᾽ ἅπασι, καὶ μηδένα καιρὸν μήδ᾽ ὥραν παραλείπων, ἡμῶν μελλόντων, καὶ ψηφιζομένων, καὶ πυνθανομένων, περιγίγνεται· οὐ δὴ θαυμάζω τοῦτο ἐγώ. Τοὐναντίον γὰρ ἦν θαυμαστὸν εἰ μηδὲν ποιοῦντες ἡμεῖς ὧν τοῖς πολεμοῦσι προσήκει, τοῦ πάντα ποιοῦντος ἃ δεῖ περιῆμεν. Ἀλλ᾽ ἐκεῖνο θαυμάζω, εἰ Λακεδαιμονίοις μέν ποτε, ὦ ἄνδρες Ἀθηναῖοι, ὑπὲρ τῶν

dans le corps humain, tant que les forces et la santé se
soutiennent, les anciennes fractures et les maux des par-
ties affectées ne se font pas sentir; mais à la première
maladie qui survient, tous les vices assoupis jusqu'alors
se réveillent et s'annoncent par des douleurs : de même
dans les monarchies et dans les autres états, tout paroît
sain et calme tant que la guerre est éloignée, mais au
moment qu'elle approche des frontières , le désordre se
manifeste, et tous les maux se découvrent.

En voyant Philippe prospérer, on a raison, j'en con-
viens, de le juger en ennemi redoutable; car la fortune
a une grande influence dans les choses d'ici-bas. Cependant si j'avois à choisir de votre fortune et de la sienne,
et que je vous visse déterminés à faire seulement une
partie de ce que vous devez, je n'hésiterois point , je
prendrois la vôtre, assuré que le secours du ciel vous
est plus dû qu'à lui. Mais vous vous reposez sans rien
faire, et sans songer que l'indolent ne peut prétendre à
l'affection et au secours des hommes, encore moins à
la faveur et à la protection des dieux. Ne soyons donc
pas surpris qu'un monarque, marchant à la tête de ses
troupes, partageant leurs fatigues, se trouvant partout
en personne, ne craignant aucune saison, ne négligeant
aucune occasion, l'emporte sur nous qui temporisons,
qui délibérons, qui perdons, à demander ce qui se passe,
le temps où nous devrions agir. Quant à moi, je ne vois
rien là qui m'étonne : au contraire, je trouverois bien
plus étonnant que des hommes qui ne font rien de ce
qu'ils devroient, eussent l'avantage sur un prince qui se
porte à tout avec ardeur. Ce qui m'étonne véritablement,
ô ATHÉNIENS, c'est que, par le passé, n'écoutant que

Ἑλληνικῶν δικαίων ἀντήρατε· καὶ πολλὰ ἴδια πλεονεκτῆσαι πολλάκις ὑμῖν ἐξὸν, οὐκ ἠθελήσατε, ἀλλ᾽ ἵνα οἱ ἄλλοι τύχωσι τῶν δικαίων, τὰ ὑμέτερα αὐτῶν ἀνηλίσκετε εἰσφέροντες, καὶ προεκινδυνεύετε στρατευόμενοι· νυνὶ δὲ ὀκνεῖτε ἐξιέναι, καὶ μέλλετε εἰσφέρειν ὑπὲρ τῶν ὑμετέρων αὐτῶν κτημάτων, καὶ τοὺς μὲν ἄλλους σεσώκατε πολλάκις πάντας καὶ καθ᾽ ἕνα αὐτῶν ἕκαστον ἐν μέρει, τὰ δὲ ὑμέτερα αὐτῶν ἀπολωλεκότες κάθησθε· ταῦτα θαυμάζω, καὶ ἔτι πρὸς τούτοις, εἰ μηδὲ εἷς ὑμῶν, ὦ ἄνδρες Ἀθηναῖοι, δύναται λογίσασθαι πόσον πολεμεῖτε χρόνον Φιλίππῳ, καὶ τί ποιούντων ὑμῶν ἅπας ὁ χρόνος διελήλυθεν οὗτος. Ἴστε γὰρ δήπου τοῦθ᾽ ὅτι μελλόντων ὑμῶν, ἑτέρους τινὰς ἐλπιζόντων πράξειν, αἰτιωμένων ἀλλήλους, κρινόντων, πάλιν ἐλπιζόντων, σχεδὸν ταῦτα ἅπερ νυνὶ ποιούντων, ὁ χρόνος ἅπας διελήλυθεν. Εἶθ᾽ οὕτως ἀγνωμόνως ἔχετε, ὦ ἄνδρες Ἀθηναῖοι, ὥστε δι᾽ ὧν ἐκ χρηστῶν φαῦλα τὰ πράγματα γέγονε τῆς πόλεως, διὰ τῶν αὐτῶν τούτων ἐλπίζετε πράξεων ἐκ φαύλων αὐτὰ χρηστὰ γενήσεσθαι; ἀλλ᾽ οὔτ᾽ εὔλογον, οὔτ᾽ ἔχον ἐστὶ φύσιν τοῦτό γε. Πολὺ γὰρ ῥᾷον ἔχοντας φυλάττειν ἢ κτήσασθαι πάντα πέφυκε. Νυνὶ δὲ ὅ, τι μὲν φυλάξωμεν οὐδέν ἐστιν ὑπὸ τοῦ πολέμου λοιπὸν τῶν πρότερον, κτήσασθαι δὲ δεῖ. Αὐτῶν οὖν ὑμῶν τοῦτ᾽ ἔργον ἤδη.

IX. Φημὶ δὴ δεῖν εἰσφέρειν χρήματα, αὐτοὺς ἐξιέναι προθύμως, μηδένα αἰτιᾶσθαι πρὶν ἂν τῶν πραγμάτων κρατήσητε· τηνικαῦτα δὲ ἀπ᾽ αὐτῶν τῶν ἔργων κρίναντας, τοὺς μὲν ἀξίους ἐπαίνου τιμᾶν, τοὺς δὲ ἀδικοῦντας κολάζειν, τὰς προφάσεις δ᾽ ἀφελεῖν, καὶ τὰ καθ᾽ ὑμᾶς ἐλλείμ-

votre courage et votre générosité, vous ayez, pour le seul bien de la Grèce, déclaré la guerre à Lacédémone, que vous ayez sacrifié des avantages certains, prodigué vos finances, exposé vos personnes pour l'intérêt d'autrui, et que présentement qu'il s'agit de vos intérêts propres, vous répugniez à vous mettre en campagne, vous refusiez de contribuer; enfin, qu'après avoir sauvé tant de fois la Grèce en général et chacun de ses peuples en particulier, vous restiez tranquilles lorsqu'on vous dépouille vous-mêmes : c'est là ce qui m'étonne. Et ce qui m'étonne encore, c'est qu'aucun de vous ne se demande depuis combien de temps vous êtes en guerre avec Philippe, et à quoi vous avez employé ce temps. Vous l'avez employé à différer, au lieu d'agir, à espérer que d'autres agiroient pour vous, à vous faire mutuellement des reproches, à vous citer en jugement les uns les autres, à vous repaître de nouvelles espérances, à faire à-peu-près ce que vous faites aujourd'hui. Et après cela, vous croirez qu'une conduite, qui, de bonnes qu'elles étoient, a rendu vos affaires mauvaises, les rendra bonnes de mauvaises qu'elles sont! Un tel sentiment n'est pas raisonnable. La nature a voulu qu'il fût plus facile de conserver que d'acquérir : or, la guerre qui vous a enlevé votre bien, ne vous laisse que la ressource de le reprendre; et cet ouvrage ne regarde que vous.

Je dis donc que vous devez contribuer de vos fortunes, servir vous-même avec ardeur, ne poursuivre aucune accusation avant que vous ayez pris en main vos affaires. Alors, jugeant chacun d'après ses œuvres, punissez qui sera en faute, récompensez qui le mérite; et, pour ce qui vous regarde, ne fournissez aucun sujet, pas même

ματα. Οὐ γάρ ἐστι πικρῶς ἐξετάσαι τί πέπρακται τοῖς
ἄλλοις, ἂν μὴ παρ᾽ ὑμῶν αὐτῶν πρώτων ὑπάρξῃ τὰ
δέοντα. Τίνος γὰρ ἕνεκα, ὦ ἄνδρες Ἀθηναῖοι, νομίζετε,
τοῦτον μὲν φεύγειν τὸν πόλεμον πάντας ὅσους ἂν ἐκπέμ-
ψητε στρατηγούς, ἰδίᾳ δ᾽ εὑρίσκειν πολέμους; (εἰ δεῖ τι
τῶν ὄντων καὶ περὶ τῶν στρατηγῶν εἰπεῖν·) ὅτι ἐνταῦθα
μέν ἐστι τὰ ἆθλα, ὑπὲρ ὧν ἐστιν ὁ πόλεμος, ὑμέτερα·
Ἀμφίπολις ἂν ληφθῇ, παραχρῆμα αὐτὴν ὑμεῖς κομιεῖσθε·
οἱ δὲ κίνδυνοι τῶν ἐφεστηκότων ἴδιοι, μισθὸς δ᾽ οὐκ ἔστιν.
Ἐκεῖ δὲ κίνδυνοι μὲν ἐλάττους, τὰ δὲ λήμματα τῶν ἐφεστηκότων καὶ τῶν στρατιωτῶν, Λάμψακος, Σίγειον, τὰ
πλοῖα ἃ συλῶσιν. Ἐπὶ οὖν τὸ λυσιτελοῦν αὐτοῖς ἕκαστοι χω-
ροῦσιν. Ὑμεῖς δὲ, ὅταν μὲν εἰς τὰ πράγματα ἀποβλέψητε
φαύλως ἔχοντα, τοὺς ἐφεστηκότας κρίνετε· ὅταν δὲ δόντες
λόγον, τὰς ἀνάγκας ἀκούσητε, τούτους ἀφίετε. Περίεστι
τοίνυν ἡμῖν, ἀλλήλοις ἐρίζειν καὶ διεστάναι, τοῖς μὲν ταῦτα
πεπεισμένοις, τοῖς δὲ ταῦτα, τὰ κοινὰ δὲ ἔχειν φαύλως.
Πρότερον μὲν γὰρ, ὦ ἄνδρες Ἀθηναῖοι, εἰσεφέρετε κατὰ
συμμορίας, νυνὶ δὲ πολιτεύεσθε κατὰ συμμορίας· ῥήτωρ ἡγε-
μὼν ἑκατέρων, καὶ στρατηγὸς ὑπὸ τούτῳ, καὶ οἱ βοηθη-
σόμενοι οἱ Τριακόσιοι, οἱ δὲ ἄλλοι προσνενέμησθε, οἱ μὲν
ὡς τούτους, οἱ δὲ ὡς ἐκείνους. Δεῖ δὴ ταῦτα ἐπανέντας,
καὶ ὑμῶν αὐτῶν ἔτι καὶ νῦν γενομένους, κοινὸν καὶ τὸ λέγειν
καὶ τὸ βουλεύεσθαι καὶ τὸ πράττειν ποιῆσαι. Εἰ δὲ τοῖς μὲν,
ὥσπερ ἐκ τυραννίδος, ὑμῖν ἐπιτάττειν ἀποδώσετε, τοῖς δὲ
ἀναγκάζεσθαι τριηραρχεῖν, εἰσφέρειν, στρατεύεσθαι, τοῖς δὲ
ψηφίζεσθαι κατὰ τούτων μόνον, ἄλλο δὲ μηδοτιοῦν συμπονεῖν, οὐχὶ γενήσεται τῶν δεόντων ἡμῖν οὐδὲν ἐν καιρῷ·

n prétexte, de se plaindre de vous : car pour avoir
droit d'être sévères envers les autres, il faut n'avoir rien
à se reprocher.

D'où vient, je vous prie, ATHÉNIENS, que les hommes
mis à la tête de vos troupes abandonnent les guerres
dont vous les chargez, et s'en vont combattre ailleurs ?
C'est, puisqu'il faut vous le dire, c'est que dans les
guerres de la république le prix de la victoire vous est
réservé tout entier. Par exemple, si on prend Amphipolis, c'est pour vous seuls que cette ville est prise ; les
généraux n'ont pour eux que les dangers, sans avoir
même de quoi payer le soldat : au lieu que dans les expéditions étrangères, le péril est moins grand, et le
butin se partage ; témoin Lampsaque, Sigée, et les
vaisseaux enlevés au profit des chefs et de leurs troupes :
or, chacun, comme il est naturel, va du côté qui lui
présente les plus grands avantages. Quant à vous, si,
jetant les yeux sur vos affaires, vous voyez qu'elles ont
une mauvaise issue, vous vous plaignez de ceux qui
étoient chargés de les faire réussir : on les accuse, ils se
justifient, et sur l'exposé de leurs raisons, vous les ren-
voyez absous. Après quoi, on se dispute, on se divise,
chacun prend parti, et tout va mal. Autrefois, ATHÉ-
NIENS, c'étoit par classe que l'on contribuoit : aujour-
d'hui, c'est par classe que l'on délibère. Chaque classe
a son orateur, chaque orateur a son général ; les trois
cents se tiennent comme en réserve, pour appuyer un
des deux partis ; et vous, comme le corps d'armée,
vous vous rangez sous divers chefs, et combattez pour
les uns ou pour les autres.

Cependant il conviendroit que, vous affranchissant
de cette servitude, et résolus à ne plus dépendre que de
vous-mêmes, vous déterminassiez que chaque citoyen,
sans distinction, parlera, votera, agira pour la patrie.

τὸ γὰρ ἠδικημένον αἰεὶ μέρος ἐλλείψει· εἶθ᾽ ὑμῖν τούτους κολάζειν ἀντὶ τῶν ἐχθρῶν περιέσται.

Χ. Λέγω δὴ κεφάλαιον, πάντας εἰσφέρειν ἀφ᾽ ὧν ἕκαστος ἔχει τὸ ἴσον, πάντας ἐξιέναι κατὰ μέρος, ἕως ἂν ἅπαντες στρατεύσησθε, πᾶσι τοῖς παριοῦσι λόγον διδόναι, καὶ τὰ βέλτιστα ὧν ἂν ἀκούσητε αἱρεῖσθαι, μὴ ἃ ἂν ὁ δεῖνα ἢ ὁ δεῖνα εἴπῃ. Κἂν ταῦτα ποιῆτε, οὐ τὸν εἰπόντα μόνον παραχρῆμα ἐπαινέσεσθε, ἀλλὰ καὶ ὑμᾶς αὐτοὺς ὕστερον, πολλῷ βέλτιον τῶν ὅλων πραγμάτων ὑμῖν ἐχόντων.

Car si, autorisant les uns à nous commander en maîtres, vous obligez les autres à équiper des vaisseaux, à fournir des contributions, à marcher à la guerre, tandis qu'un petit nombre, débarrassés de tout soin, n'auront qu'à porter contre ceux-ci des décrets, jamais vous ne réunirez vos forces à propos : les particuliers que vous aurez surchargés resteront en arrière, et vous serez dans le cas de poursuivre vos citoyens au lieu de combattre vos ennemis.

Je dis donc, pour abréger, que chacun doit contribuer à proportion de sa fortune; que chacun doit servir un certain temps et marcher à son tour; qu'il faut laisser également à tous la liberté de dire son avis, l'adopter quand il est le meilleur, et non quand tel ou tel l'a donné. Si vous prenez ce parti, ô ATHÉNIENS! vous n'applaudirez pas seulement à l'orateur sur-le-champ, mais par la suite vous vous applaudirez vous-mêmes du changement heureux arrivé dans vos affaires.

ANALYSE

DE LA

TROISIÈME OLYNTHIENNE.

Exorde. — L'Exorde commence d'une manière un peu brusque. Démosthène, mécontent des discours qu'il vient d'entendre, exprime vivement sa désapprobation, pour frapper plus sûrement les esprits : puis il prend un ton plus doux et il entre dans quelques détails pour fixer le véritable état de la question ; savoir : qu'il ne s'agit pas encore de songer aux moyens de punir Philippe, mais qu'il faut s'occuper, avant tout, de secourir les Olynthiens d'une manière efficace.

Confirmation. — Il rappelle aux Athéniens une circonstance particulière dans laquelle leur inaction a eu les résultats les plus fâcheux, et il les engage à ne pas retomber dans la même faute.

Ils savent de quelle importance peut être pour eux l'alliance avec les Olynthiens ; il leur rappelle avec quelle ardeur ils l'ont désirée : le moment est arrivé. Il faut secourir Olynthe avec vigueur, avec énergie ; car la moindre hésitation dans cette circonstance les couvrirait de honte, et de plus leur deviendrait funeste pour l'avenir.

Revenant ensuite sur une difficulté qu'il avait déjà abordée plusieurs fois avec courage, il déclare qu'il est indispensable, avant tout, d'abolir certaines lois pernicieuses, comme celles qui concernent les fonds mis en réserve pour les spectacles, aussi bien que celles qui concernent l'administration militaire ; puis qu'on s'occupera ensuite de trouver

quelqu'un qui en propose de meilleures ; mais, ajoute-t-il, des résolutions utiles, des décrets ne seraient rien encore s'ils n'étaient suivis d'une prompte et énergique exécution.

Il les exhorte donc avec ardeur à saisir enfin cette occasion, et à attaquer vivement le roi de Macédoine, et surtout à renoncer à cette fatale habitude qu'ils ont prise de mettre en accusation ceux qui donnent librement leur avis : il leur fait voir combien il est injuste d'inquiéter des hommes qui ont mieux aimé leur donner des conseils utiles que de chercher à leur être agréables : puis, revenant encore sur la question des fonds destinés aux spectacles, il les conjure de ne pas s'exposer à se voir couverts d'opprobre pour n'avoir pas su trouver d'argent pour subvenir aux dépenses de la guerre.

Ensuite, pour mieux justifier la liberté de ses paroles, et pour donner plus de poids à son opinion, il établit une comparaison entre les orateurs des temps anciens qui songeaient bien plus aux intérêts de la patrie qu'à l'élégance de leurs discours, et les orateurs du jour, qu'il appelle des adulateurs du peuple. Et bientôt, passant des orateurs aux Athéniens eux-mêmes, il s'applique à leur faire sentir combien leurs ancêtres, combien leurs pères même leur étaient supérieurs, soit dans leurs rapports avec les autres états de la Grèce, soit dans l'administration intérieure de l'état, soit même dans la vie privée. Démosthène s'étend avec détail et avec chaleur sur cette comparaison et expose avec véhémence les causes de la supériorité des uns et de l'infériorité des autres.

Péroraison. — A peu près sûr alors d'avoir ébranlé les esprits, il exhorte les auditeurs à renoncer à leurs habitudes pernicieuses et à prendre une résolution digne d'eux et de leur pays; il les engage à servir eux-mêmes la patrie, sans exiger d'autre salaire qu'une récompense proportionnée aux services rendus, et enfin à choisir parmi les avis qui viennent d'être émis devant eux ceux qu'ils jugeront les plus conformes aux véritables intérêts de la république.

ΔΗΜΟΣΘΕΝΟΥΣ

ΟΛΥΝΘΙΑΚΟΣ ΛΟΓΟΣ ΤΡΙΤΟΣ.

I. Οὐχὶ ταυτὰ παρίϛαταί μοι γινώσκειν, ὦ ἄνδρες Ἀθηναῖοι, ὅταν τε εἰς τὰ πράγματα ἀποβλέψω, καὶ ὅταν εἰς
τοὺς λόγους οὓς ἀκούω. Τοὺς μὲν γὰρ λόγους περὶ τοῦ τιμωρήσασθαι Φίλιππον ὁρῶ γιγνομένους, τὰ δὲ πράγματα
εἰς τοῦτο προήκοντα, ὥστε ὅπως μὴ πεισώμεθα αὐτοὶ
πρότερον κακῶς σκέψασθαι δέον. Οὐδὲν οὖν ἄλλο μοι δο-
κοῦσιν οἱ τὰ τοιαῦτα λέγοντες, ἢ τὴν ὑπόθεσιν περὶ ἧς
βουλεύεσθε, οὐχὶ τὴν οὖσαν παριϛάντες ὑμῖν, ἁμαρτάνειν.
Ἐγὼ δ' ὅτι μέν ποτε ἐξῆν τῇ πόλει καὶ τὰ αὑτῆς ἔχειν ἀσφαλῶς καὶ Φίλιππον τιμωρήσασθαι, καὶ μάλα ἀκριβῶ
οἶδα. Ἐπ' ἐμοῦ γάρ, οὐχὶ πάλαι, γέγονε ταῦτα ἀμφότερα
Νῦν μέντοι πέπεισμαι τοῦθ' ἱκανὸν προλαβεῖν ἡμῖν εἶνα
τὴν πρώτην ὅπως τοὺς συμμάχους σώσωμεν. Ἐὰν γὰ
τοῦτο βεβαίως ὑπάρξῃ, τότε καὶ περὶ τοῦ τίνα τρόπον τι
μωρήσεταί τις ἐκεῖνον, ἐξέσται σκοπεῖν. Πρὶν δὲ τὴν ἀρχὴ
ὀρθῶς ὑποθέσθαι, μάταιον ἡγοῦμαι περὶ τῆς τελευτῆ
ὁντινοῦν ποιεῖσθαι λόγον.

II. Ὁ μὲν οὖν παρὼν καιρὸς, ὦ ἄνδρες Ἀθηναῖοι, εἴπε
ποτε, καὶ νῦν πολλῆς φροντίδος καὶ βουλῆς δεῖται. Ἐγὼ δ

TROISIÈME OLYNTHIENNE

DE DÉMOSTHÈNE.

Les discours des orateurs à la tribune me paroissent, ô Athéniens! s'accorder mal avec l'état où je vois nos affaires. Les orateurs nous exhortent à réprimer les injustices de Philippe, et l'état de nos affaires demande que nous songions d'abord à nous garantir nous-mêmes de ses insultes. Ceux qui parlent d'attaquer le roi de Macédoine, me semblent donc manquer absolument et abandonner le véritable objet de la délibération. Je sais que, dans le principe, Athènes pouvoit à la fois défendre ses domaines et attaquer le monarque : j'ai vu, ce temps n'est pas éloigné, qu'elle pouvoit l'un et l'autre. Quoi qu'il en soit, je persiste à croire qu'il nous suffit, avant tout, de prendre des mesures pour sauver nos alliés. Ce point une fois obtenu, nous penserons aux moyens de réduire Philippe. En général, avant que d'avoir établi ce qui doit précéder, il est inutile de raisonner sur ce qui doit suivre.

La circonstance présente, Athéniens, exige, aujourd'hui plus que jamais, une délibération sérieuse et réflé-

οὐχ' ὅ,τι χρὴ περὶ τῶν παρόντων συμβουλεῦσαι, χαλεπώ-
τατον ἡγοῦμαι· ἀλλ' ἐκεῖνο ἀπορῶ, τίνα χρὴ τρόπον, ὦ ἄνδρες Ἀθηναῖοι, πρὸς ὑμᾶς περὶ αὐτῶν εἰπεῖν. Πέπεισμαι
γὰρ ἐξ ὧν παρὼν καὶ ἀκούων σύνοιδα, τὰ πλείω τῶν πραγμάτων ὑμᾶς ἐκπεφευγέναι, τῷ μὴ βούλεσθαι τὰ δέοντα
ποιεῖν, οὐ τῷ μὴ συνιέναι. Ἀξιῶ δὲ ὑμᾶς, ἂν μετὰ παρ-
ρησίας ποιῶμαι τοὺς λόγους, ὑπομένειν, τοῦτο θεωροῦν-
τας εἰ τἀληθῆ λέγω, καὶ διὰ τοῦτο ἵνα τὰ λοιπὰ βελτίω
γένηται. Ὁρᾶτε γὰρ ὡς ἐκ τοῦ πρὸς χάριν δημηγορεῖν ἐνίους
εἰς πᾶν προελήλυθε μοχθηρίας τὰ παρόντα πράγματα.
Ἀναγκαῖον δὲ ὑπολαμβάνω μικρὰ τῶν γεγενημένων πρῶτον
ὑμᾶς ὑπομνῆσαι.

III. Μέμνησθε, ὦ ἄνδρες Ἀθηναῖοι, ὅτ' ἀπηγγέλθη
Φίλιππος ὑμῖν ἐν Θράκῃ, τρίτον ἢ τέταρτον ἔτος τουτὶ
Ἡραῖον τεῖχος πολιορκῶν· τότε τοίνυν μὴν μὲν ἦν Μαιμακ-
τηριών. Πολλῶν δὲ λόγων καὶ θορύβου γιγνομένου παρ'
ὑμῖν, ἐψηφίσασθε τετταράκοντα τριήρεις κατέλκειν, καὶ
τοὺς μέχρι πέντε καὶ τετταράκοντα ἐτῶν, αὐτοὺς ἐμβαίνειν
καὶ τάλαντα ἑξήκοντα εἰσφέρειν. Καὶ μετὰ ταῦτα διελθόντος
τοῦ ἐνιαυτοῦ τούτου, Ἑκατομβαιῶν, Μεταγειτνιῶν, Βοη-
δρομιών. Τούτου τοῦ μηνὸς μόλις μετὰ τὰ μυστήρια δέκα
ναῦς ἀπεστείλατε ἔχοντα Χαρίδημον κενὰς καὶ πέντε τάλαντα ἀργυρίου. Ὡς γὰρ ἠγγέλθη Φίλιππος ἀσθενῶν ἢ
τεθνεώς (ἦλθε γὰρ ἀμφότερα), οὐκέτι καιρὸν οὐδένα το
βοηθεῖν νομίσαντες, ἀφήκατε, ὦ ἄνδρες Ἀθηναῖοι, τὸν ἀπό-
στολον. Ἦν δ' οὗτος ὁ καιρὸς αὐτός· εἰ γὰρ τότε ἐκεῖσε ἐβοηθήσαμεν, ὥσπερ ἐψηφισάμεθα προθύμως, οὐκ ἂν ἠνώχλ-
νῦν ἡμῖν ὁ Φίλιππος τότε σωθείς.

chie. Mais ce que je trouve de difficile, c'est moins le conseil qu'il faut vous donner que la manière de vous le donner, et je suis convaincu, d'après ce que j'ai ouï dire et ce que j'ai vu moi-même, que ce n'est pas l'ignorance, mais la négligence qui a ruiné presque toutes vos affaires. Souffrez donc que je vous parle avec franchise, puisque je vous dis la vérité, sans autre intention que de rendre pour la suite votre situation meilleure. Vous le voyez vous-mêmes, ce sont les ménagemens nuisibles de quelques orateurs complaisans qui vous ont réduits à l'état où vous êtes. Au reste, il me paroît nécessaire, avant tout, de vous remettre sous les yeux quelques faits passés.

Vous vous rappelez, sans doute, qu'on vint vous annoncer, il y a trois ou quatre ans, que Philippe assiégeoit dans la Thrace Hérée, place forte ; c'étoit au mois de décembre. Après bien des discours et bien du tumulte, vous décidâtes de mettre en mer quarante vaisseaux, de faire embarquer toute votre jeunesse, et de lever une contribution de soixante talens. Cependant l'année expira : vinrent les mois de septembre, d'octobre et de novembre. Dans ce dernier mois à peine, après les fêtes de Cérès, vous envoyâtes Charidême avec cinq talens et dix vaisseaux mal équipés. En effet, comme on vous avoit annoncé que Philippe était malade, et que même, bientôt après, on avoit débité qu'il étoit mort ; jugeant pour lors inutile de faire de grands préparatifs, vous renonçâtes au projet d'armer une flotte : toutefois, c'étoit là le moment ; car si nous avions alors secouru Hérée avec toute l'ardeur que nous nous proposions, Philippe, revenu en santé, ne nous inquiéteroit pas tant aujourd'hui.

IV. Τὰ μὲν δὴ τότε πραχθέντα οὐκ ἂν ἄλλως ἔχοι
νῦν δ᾽ ἑτέρου πολέμου καιρὸς ἥκει. Τίς; οὗτος, δι᾽ ὃν καὶ
περὶ τούτων ἐμνήσθην, ἵνα μὴ ταυτὰ πάθητε. Τί δὴ χρη-
σώμεθα, ὦ ἄνδρες Ἀθηναῖοι, τούτῳ; Εἰ γὰρ μὴ βοηθήσετε
παντὶ σθένει κατὰ τὸ δυνατόν, θεάσασθε ὃν τρόπον ὑμεῖς
ἐστρατηγηκότες πάντα ἔσεσθε ὑπὲρ Φιλίππου. Ὑπῆρχον
Ὀλύνθιοι δύναμίν τινα κεκτημένοι, καὶ διέκειτ᾽ οὕτω τὰ
πράγματα, οὔτε Φίλιππος ἐθάῤῥει τούτους, οὔθ᾽ οὗτοι
Φίλιππον. Ἐπράξαμεν ἡμεῖς κἀκεῖνοι πρὸς ἡμᾶς εἰρήνην.
Ἦν τοῦτο ὥσπερ ἐμπόδισμά τι τῷ Φιλίππῳ καὶ δυσχερὲς,
πόλιν μεγάλην ἐφορμεῖν τοῖς ἑαυτοῦ καιροῖς διηλλαγμένην
πρὸς ἡμᾶς. Ἐκπολεμῶσαι δεῖν ᾠόμεθα τοὺς ἀνθρώπους
ἐκ παντὸς τρόπου· καὶ ὃ πάντες ἐθρύλλουν τέως, τοῦτο
πέπρακται νῦν ὁπωσδήποτε. Τί οὖν ὑπόλοιπον, ὦ ἄνδρες
Ἀθηναῖοι, πλὴν βοηθεῖν ἐῤῥωμένως καὶ προθύμως; ἐγὼ
μὲν οὐχ ὁρῶ. Χωρὶς γὰρ τῆς περιςάσης ἂν ἡμᾶς αἰσχύνης,
εἰ καθυφείμεθά τι τῶν πραγμάτων, οὐδὲ τὸν φόβον, ὦ
ἄνδρες Ἀθηναῖοι, μικρὸν, ὁρῶ τὸν τῶν μετὰ ταῦτα, ἐχόντων μὲν ὡς ἔχουσι Θηβαίων ἡμῖν, ἀπειρηκότων δὲ χρήμασι
Φωκέων, μηδενὸς δ᾽ ἐμποδὼν ὄντος Φιλίππῳ, τὰ παρόντα
καταςρεψαμένῳ, πρὸς ταῦτα ἐπικλῖναι τὰ πράγματα. Ἀλλὰ
μὴν εἴ τις ὑμῶν εἰς τοῦτο ἀναβάλλεται ποιήσειν τὰ δέοντα,
ἰδεῖν ἐγγύθεν βούλεται τὰ δεινὰ, ἐξὸν ἀκούειν ἄλλοθι γι-
νόμενα· καὶ βοηθοὺς αὑτῷ ζητεῖν, ἐξὸν νῦν ἑτέροις αὐτὸν βοηθεῖν. Ὅτι μὲν γὰρ εἰς τοῦτο περιστήσεται τὰ πράγματα, ἐὰν τὰ παρόντα προώμεθα, σχεδὸν ἴσμεν ἅπαντες
δήπου.

V. Ἀλλ᾽ ὅ τι μὲν δὴ δεῖ βοηθεῖν, εἴποι τις ἂν, πάντες

Mais on ne peut changer ce qui est fait. Une nouvelle occasion se présente; et quelle est cette occasion, ATHÉNIENS? Celle qui me porte à vous rappeler une ancienne faute, pour que vous n'y retombiez pas de nouveau. Comment profiter de la conjoncture? Observez, je vous prie, que si vous ne secourez Olynthe de toutes vos forces et de tout votre pouvoir, on pourra vous reprocher d'avoir secondé vous-mêmes votre ennemi dans ses conquêtes.

Les Olynthiens avoient une puissance capables de balancer les forces de la Macédoine; Philippe n'osoit se commettre avec eux, ni eux avec Philippe. D'ailleurs, nous avions conclu la paix avec Olynthe; et c'étoit déjà pour ce prince un contre-temps assez fâcheux, de voir à ses portes, réconciliée avec nous, une ville puissante, toujours prête à le traverser. Nous pensions qu'il ne falloit rien négliger pour la mettre aux prises avec le monarque. Ce qui étoit alors l'objet de tous nos vœux, le voilà enfin arrivé, n'importe comment. Que nous reste-t-il donc, sinon de secourir les Olynthiens avec promptitude et avec vigueur? Non, nous ne pouvons nous en dispenser; et, sans parler de la honte dont nous nous couvririons, si nous abandonnions par négligence quelque partie des affaires, que n'aurions-nous pas à craindre pour l'avenir, les Thébains étant aussi mal disposés à notre égard qu'il le sont, le trésor des Phocéens étant épuisé, et rien n'empêchant Philippe de tomber sur l'Attique, après s'être emparé d'Olynthe? Attendre pour agir qu'il vienne nous attaquer, c'est vouloir approcher de soi le péril, lorsqu'on peut le regarder de loin; c'est se mettre dans le cas d'implorer bientôt le secours d'autrui, lorsqu'on peut actuellement secourir les autres. Cependant les choses en viendront là, si vous laissez échapper l'occasion : vous le savez tous.

Nous sommes convaincus, dira-t-on peut-être, de la

ἐγνώκαμεν, καὶ βοηθήσομεν· τὸ δὲ ὅπως, τοῦτο λέγε. Μὴ τοίνυν, ὦ ἄνδρες Ἀθηναῖοι, θαυμάσητε, ἂν παράδοξον εἴπω τι τοῖς πολλοῖς· νομοθέτας καθιστᾶτε· ἐν δὲ τούτοις τοῖς νομοθέταις μὴ θῆσθε νόμον μηδένα (εἰσὶ γὰρ ὑμῖν ἱκανοί)· ἀλλὰ τοὺς εἰς τὸ παρὸν βλάπτοντας ὑμᾶς λύσατε· λέγω δὲ τοὺς περὶ τῶν θεωρικῶν σαφῶς οὑτωσί, καὶ τοὺς περὶ τῶν στρατευομένων ἐνίους· ὧν οἱ μὲν τὰ στρατιωτικὰ τοῖς οἴκοι μένουσι διανέμουσι θεωρικά, οἱ δὲ τοὺς ἀτακτοῦντας ἀθώ- ους καθιστᾶσιν, εἶτα καὶ τοὺς τὰ δέοντα ποιεῖν βουλομέ- νους, ἀθυμοτέρους ποιοῦσιν. Ἐπειδὰν δὲ ταῦτα λύσητε, καὶ τὴν τοῦ τὰ βέλτιστα λέγειν ὁδὸν παράσχητε ἀσφαλῆ, τηνικαῦτα τὸν γράφοντα ἃ πάντες ἴστε ὅτι συμφέρει ζητεῖτε. Πρὶν δὲ ταῦτα πρᾶξαι, μὴ σκοπεῖτε τίς εἰπὼν τὰ βέλτιστα ὑπὲρ ὑμῶν, ὑφ' ὑμῶν ἀπολέσθαι βουλήσεται· οὐ γὰρ εὑ- ρήσετε, ἄλλως τε καὶ τούτου μόνου περιγίνεσθαι μέλλοντος; τοῦ παθεῖν ἀδίκως τι κακὸν τὸν ταῦτ' εἰπόντα καὶ γρά- ψαντα, μηδὲν δ' ὠφελῆσαι τὰ πράγματα, ἀλλὰ καὶ εἰς τὸ λοιπὸν μᾶλλον ἔτι ἢ νῦν τὸ τὰ βέλτιστα λέγειν φοβερώτερον ποιῆσαι. Καὶ λύειν γε, ὦ ἄνδρες Ἀθηναῖοι, τοὺς νόμους δεῖ τούτους αὐτοὺς ἀξιοῦν οἵπερ καὶ τεθείκασιν. Οὐ γὰρ ἔστι δίκαιον τὴν μὲν χάριν, ἣ πᾶσαν ἔβλαψε τὴν πόλιν, τοῖς τότε θεῖσιν ὑπάρχειν· τὴν δ' ἀπέχθειαν, δι' ἧς ἅπαντες ἂν ἄμεινον πράξαιμεν, τῷ νῦν τὰ βέλτιστα εἰπόντι ζημίαν γενέσθαι. Πρὶν δὲ ταῦτα εὐτρεπίσαι, μηδαμῶς, ὦ ἄνδρες Ἀθηναῖοι, μηδένα ἀξιοῦτε τηλικοῦτον εἶναι παρ' ὑμῖν ὥστε τοὺς νόμους τούτους παραβάντα μὴ δοῦναι δίκην, μηδ' οὕτως ἀνόητον ὥστε εἰς προὖπτον κακὸν αὐτὸν ἐμβαλεῖν.

VI. Οὐ μὴν οὐδ' ἐκεῖνό γ' ὑμᾶς ἀγνοεῖν δεῖ, ὦ ἄνδρες

nécessité de secourir Olynthe, et nous la secourrons; mais dites-nous comment il faut nous y prendre? Écoutez donc, ATHÉNIENS, écoutez sans surprise un avis auquel plusieurs de vous ne s'attendent pas. Nommez des législateurs, non pour établir des lois, vous n'en avez que trop; mais pour abolir celles qui vous sont nuisibles dans la circonstance. Je parle ici clairement des lois concernant le théâtre et la milice. Les unes destinent aux spectacles les fonds militaires, et les distribuent à des citoyens qui refusent de se mettre en campagne; les autres assurent l'impunité à ceux qui se dispensent de servir à leur tour, et par là découragent ceux qui sont occupés de leur devoir. Quand vous aurez aboli ces lois, et rendu plus sûr le ministère d'un orateur zélé, cherchez alors quelqu'un qui propose des partis évidemment utiles. Avant cela, ne comptez pas trouver un ministre qui hasarde de se perdre en donnant les meilleurs avis; vous n'en trouverez pas, d'autant plus que celui qui vous donneroit de tels conseils, essuieroit de votre part quelque mauvais traitement, sans faire le bien de la république, et que d'ailleurs il rendroit plus dangereuse à l'avenir la fonction d'un bon ministre. C'est à ceux qui ont proposé les lois à les abolir, c'est à eux qu'il faut s'adresser; et il ne seroit pas juste que les auteurs de ces lois continuassent à jouir de vos bonnes grâces, qu'ils n'auroient acquises qu'en vous portant un coup mortel; tandis qu'un ministre zélé resteroit chargé de votre haine, qu'il encourroit en voulant rétablir nos affaires. Non, avant que d'avoir réglé ce que je vous dis, ne vous attendez pas à trouver parmi vous un citoyen ou assez accrédité pour attaquer impunément de pareilles lois, ou asez insensé pour se jeter lui-même dans un péril manifeste.

Sachez encore qu'un décret est inutile, si vous n'y

Ἀθηναῖοι, ὅτι ψήφισμα οὐδενός ἐστιν ἄξιον, ἂν μὴ προσ-
γένηται τὸ ποιεῖν ἐθέλειν τά γε δόξαντα προθύμως ὑμᾶς·
Εἰ γὰρ αὐτάρκη τὰ ψηφίσματα ἦν, ἢ ὑμᾶς ἀναγκάζειν ἃ
προσήκει πράττειν, ἢ περὶ ὧν γράφει διαπράξασθαι, οὔτ᾽
ἂν ὑμεῖς πολλὰ ψηφιζόμενοι μικρὰ μᾶλλον δ᾽ οὐδὲν ἐπράτ-
τετε τούτων, οὔτε Φίλιππος τοσοῦτον ὑβρίκει χρόνον. Πάλαι γὰρ ἂν ἕνεκά γε ψηφισμάτων, ἐδεδώκει δίκην. Ἀλλ᾽
οὐχ᾽ οὕτω ταῦτ᾽ ἔχει. Τὸ γὰρ πράττειν τοῦ λέγειν καὶ χει-
ροτονεῖν ὕστερον ὂν τῇ τάξει, πρότερον τῇ δυνάμει καὶ
κρεῖττόν ἐστι. Τοῦτ᾽ οὖν δεῖ προσεῖναι, τὰ δ᾽ ἄλλα ὑπάρχει. Καὶ γὰρ εἰπεῖν τὰ δέοντα παρ᾽ ὑμῖν εἰσιν, ὦ ἄνδρες
Ἀθηναῖοι, δυνάμενοι, καὶ γνῶναι πάντων ὑμεῖς ὀξύτατοι
τὰ ῥηθέντα· καὶ πρᾶξαι δὲ δυνήσεσθε νῦν, ἐὰν ὀρθῶς
ποιῆτε. Τίνα γὰρ χρόνον, ἢ τίνα καιρὸν, ὦ ἄνδρες Ἀθηναῖοι, τοῦ παρόντος βελτίω ζητεῖτε; ἢ ποτε ἃ δεῖ πράξετε,
εἰ μὴ νῦν; Οὐχ ἅπαντα μὲν ὑμῶν τὰ χωρία προείληφεν
ἄνθρωπος; Εἰ δὲ καὶ ταύτης κύριος τῆς χώρας γενήσεται,
πάντων αἴσχιστα πεισόμεθα. Οὐχ, οὓς, εἰ πολεμήσειεν ἐκεῖνος, ἑτοίμως σώσειν ὑπισχνούμεθα, οὗτοι νῦν πολεμοῦνται;
Οὐκ ἐχθρός; οὐκ ἔχων τὰ ὑμέτερα; οὐ βάρβαρος; οὐχ
ὅ, τι ἂν εἴποι τίς; Ἀλλά, πρὸς Θεῶν, ἅπαντα ταῦτα ἐά-
σαντες, καὶ μόνονουχὶ συγκατασκευάσαντες αὐτῷ, τότε τοὺς
αἰτίους οἵτινες εἰσὶ τούτων, ζητήσομεν; οὐ γὰρ αὐτοί γ᾽
αἴτιοι φήσομεν εἶναι· σαφῶς οἶδα τοῦτ᾽ ἐγώ· οὐδὲ γὰρ ἐν
τοῖς τοῦ πολέμου κινδύνοις τῶν φευγόντων οὐδεὶς ἑαυτοῦ
κατηγορεῖ, ἀλλὰ καὶ τοῦ στρατηγοῦ, καὶ τῶν πλησίων, καὶ
πάντων μᾶλλον· ἥττηνται δ᾽ ὅμως διὰ πάντας τοὺς φυγόν-
τας δήπου· μένειν γὰρ ἐξῆν τῷ κατηγοροῦντι τῶν ἄλλων·

joignez une volonté ferme de faire sans délai ce qu'il ordonne. Si les décrets seuls étoient suffisans pour vous faire exécuter ce qu'ils portent, ou pour l'exécuter eux-mêmes, vous qui multipliez les décrets à l'infini, vous ne verriez pas vos affaires n'avancer que si peu ou plutôt point du tout : Philippe ne nous insulteroit pas depuis tant d'années ; il eût déjà été réprimé il y a long-temps en vertu de nos décrets. Mais les choses n'en vont point ainsi. Quoique la parole et la délibération marchent avant l'action, l'action est la première pour l'excellence et l'efficacité. Vous savez parler et délibérer, ce n'est pas ce qui vous manque ; agissez seulement. Oui, il est parmi vous des orateurs qui ont le talent de bien conseiller, et vous manquez moins que d'autres de pénétration pour discerner les bons conseils ; vous vous mettrez ou plutôt en état d'agir, si vous êtes sages.

Eh ! quel autre temps, quelle occasion plus favorable attendez-vous ? Quand ferez-vous ce que vous devez, si vous ne le faites aujourd'hui ? Philippe ne s'est-il pas emparé de toutes nos places ? S'il venoit à se rendre maître de quelque partie de l'Attique, ne seroit-ce point pour nous le comble du déshonneur ? Ceux que nous nous proposions de défendre s'ils étoient attaqués, ne le sont-ils pas ? Celui qui les attaque, n'est-il pas votre ennemi ? N'est-il pas saisi de nos possesions ? N'est-ce pas un barbare ?.... et tout ce qu'on voudra dire ? Mais peut-être, après avoir tout cédé à Philippe, et l'avoir presque secondé dans ses entreprises, nous chercherons sur qui rejeter nos maux ; car ce n'est point à nous-mêmes que nous nous en prendrons, je le sais. Dans une déroute, nul des fuyars ne s'en prend à lui-même, mais à son général, à ses compagnons, à tout le monde. Cependant on n'a été vaincu que parce que tous ont fui. Tel qui accuse les autres, pouvoit tenir ferme ; et si

εἰ δὲ τοῦτ᾽ ἐποίει ἕκαστος, ἐνίκων ἄν. Καὶ νῦν οὐ λέγει τις τὰ βέλτιστα; ἀναστὰς ἄλλος εἰπάτω, μὴ τοῦτον αἰτιάσθω. Ἕτερος λέγει τὶς βελτίω; ταῦτα ποιεῖτε ἀγαθῇ τύχῃ. Ἀλλ᾽ οὐχ ἡδέα ταῦτα; οὐκέτι τοῦθ᾽ ὁ λέγων ἀδικεῖ πλὴν εἰ, δέον εὔξασθαι, παραλείπει. Εὔξασθαι μὲν γάρ, ὦ ἄνδρες Ἀθηναῖοι, ῥάδιον, εἰς ταυτὸ πάνθ᾽ ὅσα βούλεταί τις ἀθροίσαντα ἐν ὀλίγῳ· ἑλέσθαι δὲ, ὅταν περὶ πραγμάτων προτεθῇ σκοπεῖν, οὐκέτ᾽ ὁμοίως εὔπορον· ἀλλὰ δεῖ τὰ βέλτιστα ἀντὶ τῶν ἡδέων, ἂν μὴ σὺν ἀμφότερα ἐξῇ, λαμβάνειν.

VII. Εἰ δέ τις ἡμῖν ἔχοι τὰ θεωρικὰ ἐᾶν, καὶ πόρους ἑτέρους λέγειν ςρατιωτικούς, οὐχ οὗτος κρείττων; εἴποι τὶς ἄν. Φημὶ ἔγωγε, εἴπερ ἐστιν, ὦ ἄνδρες Ἀθηναῖοι. Ἀλλὰ θαυμάζω εἴ τῳ ποτε ἀνθρώπων ἢ γέγονεν ἢ γενήσεται, ἂν τὰ παρόντα ἀναλώσῃ πρὸς ἃ μὴ δεῖ, τῶν ἀπόντων εὐπορῆσαι πρὸς ἃ δεῖ. Ἀλλ᾽, οἶμαι, μέγα τοῖς τοιούτοις ὑπάρχει λόγοις ἡ παρ᾽ ἑκάστου βούλησις. Διόπερ ῥᾷστον ἁπάντων ἐστὶν αὐτὸν ἐξαπατῆσαι· ὃ γὰρ βούλεται τοῦθ᾽ ἕκαστος καὶ οἴεται. Τὰ δὲ πράγματα πολλάκις οὐχ οὕτω πέφυκεν.

VIII. Ὁρᾶτε οὖν, ὦ ἄνδρες Ἀθηναῖοι, ταῦθ᾽ οὕτως ὅπως καὶ τὰ πράγματα ἐνδέχεται, καὶ δυνήσεσθε ἐξιέναι, καὶ μισθὸν ἕξετε. Οὔ τοι σωφρόνων, οὐδὲ γενναίων ἐστιν ἀνθρώπων, ἐλλείποντάς τι, δι᾽ ἔνδειαν χρημάτων, τοῦ πολέμου, εὐχερῶς τὰ τοιαῦτα ὀνείδη φέρειν· οὐδ᾽ ἐπὶ μὲν Κορινθίους καὶ Μεγαρέας, ἁρπάσαντας τὰ ὅπλα πορεύεσθαι, Φίλιππον δ᾽ ἐᾶν πόλεις Ἑλληνίδας ἀνδραποδίζεσθαι, δι᾽

chacun l'eût fait, on eût été vainqueur. De même, à présent, un ministre ne donne-t-il pas le meilleur conseil; qu'un autre se lève, et, sans l'accuser, qu'il parle lui-même. Quelqu'un vous propose-t-il ce qu'il y a de mieux à faire : faites-le avec l'aide des Dieux. Mais ses discours ne sont pas agréables. Ce n'est pas sa faute; à moins qu'il ne soit obligé de vous adresser des vœux flatteurs, et qu'il ne s'en dispense. Dans ce cas il est repréhensible, rien n'étant si aisé que de recueillir un certain nombre d'expressions et de mots dont les sons chatouillent vos oreilles. Au lieu qu'il n'est pas aussi facile de bien choisir dans une délibération sérieuse, qui demande que l'utile soit toujours préféré à l'agréable, si on ne peut avoir l'un et l'autre.

Mais, dira-t-on, si on pouvoit nous laisser les deniers du théâtre, et nous indiquer pour la guerre d'autres revenus, ne seroit-ce pas le meilleur? Oui, si la chose est possible. Je serois surpris néanmoins qu'il fût arrivé, ou que jamais il arrivât qu'un homme qui a consumé en dépenses inutiles les fonds qu'il avoit, trouve dans les fonds qu'il n'a pas, de quoi fournir aux dépenses nécessaires. Les dispositions du cœur, sans doute, donnent un grand poids à de pareils propos : il est fort aisé de se tromper soi-même, et l'on pense comme on est affecté. Les affaires cependant ne marchent pas au gré de nos désirs.

Voyez donc, ATHÉNIENS, voyez les choses comme elles sont, et vous pourrez vous mettre en campagne, et vous aurez de quoi payer vos troupes. Car il n'est pas d'un peuple sage et généreux de manquer, faute d'argent, les occasions favorables, et de dévorer ensuite les plus grands affronts; ni d'un peuple jadis si prompt à courir aux armes pour s'opposer aux violences des Corinthiens

ἀπορίαν ἐφοδίων τοῖς στρατευομένοις. Καὶ ταῦτ᾽ οὐχ ἵν᾽
ἀπέχθωμαί τισιν ὑμῶν τηναλλως προήρημαι λέγειν (οὐ γὰρ
οὕτως ἄφρων, οὐδὲ ἀτυχὴς εἰμὶ ἐγὼ, ὥστε ἀπεχθάνεσθαι
βούλεσθαι, μηδὲν ὠφελεῖν νομίζων)· ἀλλὰ δικαίου πολίτου
κρίνω τὴν τῶν πραγμάτων σωτηρίαν ἀντὶ τῆς ἐν τῷ λέγειν
χάριτος αἱρεῖσθαι. Καὶ γὰρ τοὺς ἐπὶ τῶν προγόνων ἡμῶν
λέγοντας ἀκούω, ὥσπερ ἴσως καὶ ὑμεῖς, οὓς ἐπαινοῦσι μὲν
οἱ παριόντες ἅπαντες, μιμοῦνται δ᾽ οὐ πάνυ, τούτῳ τῷ
τρόπῳ καὶ τῷ ἔθει τῆς πολιτείας χρῆσθαι, τὸν Ἀριστείδην
ἐκεῖνον, τὸν Νικίαν, τὸν ὁμώνυμον ἐμαυτῷ, τὸν Περικλέα.
Ἐξ οὗ δὲ οἱ διερωτῶντες ὑμᾶς οὗτοι πεφήνασι ῥήτορες,
τί βούλεσθε; τί γράψω; τί ὑμῖν χαρίσομαι; προπέποταί τῆς
παραυτίκα ἡδονῆς καὶ χάριτος τὰ τῆς πόλεως πράγματα,
καὶ τοιαυτὶ συμβαίνει· καὶ τὰ μὲν τούτων πάντα καλῶς ἔχει,
τὰ δ᾽ ὑμέτερα αἰσχρῶς.

IX. Καίτοι σκέψασθε, ὦ ἄνδρες Ἀθηναῖοι, ἅ τις ἂν κε-
φάλαια εἰπεῖν ἔχοι, τῶν τ᾽ ἐπὶ τῶν προγόνων ἔργων, καὶ
τῶν ἐφ᾽ ἡμῶν. Ἔσται δὲ βραχὺς καὶ γνώριμος ὑμῖν ὁ λόγος·
οὐ γὰρ ἀλλοτρίοις ὑμῖν χρωμένοις παραδείγμασιν, ἀλλ᾽
οἰκείοις, ὦ ἄνδρες Ἀθηναῖοι, εὐδαίμοσιν ἔξεστι γενέσθαι.
Ἐκεῖνοι τοίνυν οἷς οὐκ ἐχαρίζονθ᾽ οἱ λέγοντες, οὐδ᾽ ἐφίλουν
αὐτοὺς ὥσπερ ὑμᾶς οὗτοι νῦν, πέντε μὲν καὶ τετταράκοντα
ἔτη τῶν Ἑλλήνων ἦρξαν ἑκόντων· πλείω δ᾽ ἢ μύρια τάλαντα
εἰς τὴν ἀκρόπολιν ἀνήγαγον· ὑπήκουε δὲ ὁ ταύτην ἔχων
τὴν χώραν αὐτοῖς βασιλεὺς, ὥσπερ ἐστὶ προσῆκον Βάρβαρον
Ἕλλησι· πολλὰ δὲ καὶ καλὰ, καὶ πεζῇ, καὶ ναυμαχοῦντες,
ἔστησαν τρόπαια αὐτοὶ στρατευόμενοι· μόνοι δὲ ἀνθρώπων,

et des Mégariens, de laisser Philippe assujétir les villes grecques, faute de pourvoir à la subsistance du soldat.

Et, je ne cherche pas, en parlant de la sorte, à choquer imprudemment plusieurs d'entre vous. Je ne suis ni assez insensé, ni assez ennemi de moi-même pour m'attirer la haine des particuliers sans aucune vue d'intérêt public. Mais je pense qu'un bon citoyen doit préférer dans ses discours le salut de la patrie à l'agrément des paroles. Je sais par ouï dire, comme vous le savez vous-mêmes, que c'étoit d'après cette règle que se conduisoient les ministres du temps de nos pères, ces ministres que ceux de nos jours louent sans les imiter : le fameux Aristide, Nicias, Périclès, celui dont je porte le nom. Mais depuis qu'on a vu paroître des orateurs complaisans qui vous demandent : Que désirez-vous? que proposerai-je? en quoi vous serai-je agréable? on sacrifie les intérêts de la république aux douceurs d'un plaisir passager. Et de là qu'arive-t-il? Vos orateurs jouissent d'une fortune brillante, tandis que l'État est couvert d'opprobre.

Or, observez les traits principaux qui marquent la différence de votre conduite et de celle de vos ancêtres. Je ne serai pas long, et ne vous dirai rien qui ne vous soit connu; car, pour voir prospérer vos affaires, il vous suffit des exemples que vous trouvez chez vous, vous n'avez pas besoin d'en chercher ailleurs.

Vos ancêtres donc, à qui les orateurs ne fesoient pas leur cour, et qu'ils ne flattoient pas comme les vôtres vous flattent, commandèrent quarante cinq années dans la Grèce, qui reconnoissoit leur empire; ils amassèrent dans le trésor plus de dix mille talens; le roi de Macédoine leur obéissoit, comme un barbare doit obéir à des Grecs; ils remportèrent sur terre et sur mer, avec leurs propres milices, plusieurs victoires célèbres, et seuls de

κρείττω τὴν ἐπὶ τοῖς ἔργοις δόξαν τῶν φθονούντων κατέλιπον. Ἐπὶ μὲν δὴ τῶν Ἑλληνικῶν ἦσαν τοιοῦτοι. Ἐν δὲ
τοῖς κατὰ τὴν πόλιν αὐτὴν, θεάσασθε ὁποῖοι ἔν τε τοῖς
κοινοῖς καὶ τοῖς ἰδίοις. Δημοσίᾳ μὲν τοίνυν οἰκοδομήματα
καὶ κάλλη τοιαῦτα καὶ τοσαῦτα κατεσκεύασαν ἡμῖν ἱερῶν,
καὶ τῶν ἐν τούτοις ἀναθημάτων, ὥστε μηδενὶ τῶν ἐπιγι-
γνομένων ὑπερβολὴν λελεῖφθαι· ἰδίᾳ δ᾽ οὕτω σώφρονες
ἦσαν, καὶ σφόδρα ἐν τῷ τῆς πολιτείας ἤθει μένοντες, ὥςε
τὴν Ἀριστείδου, καὶ τὴν Μιλτιάδου, καὶ τῶν τότε λαμπρῶν
οἰκίαν, εἴ τις ἄρα οἶδεν ὑμῶν ὁποῖά ποτ᾽ ἐστὶν, ὁρᾷ τῆς
τοῦ γείτονος οὐδὲν σεμνοτέραν οὖσαν. Οὐ γὰρ εἰς περιου-
σίαν ἐπράττετο αὐτοῖς τὰ τῆς πόλεως, ἀλλὰ τὸ κοινὸν αὔ-
ξειν ἕκαςος ᾤετο δεῖν. Ἐκ δὲ τοῦ τὰ μὲν Ἑλληνικὰ πιςῶς;
τὰ δὲ πρὸς τοὺς Θεοὺς εὐσεβῶς, τὰ δ᾽ ἐν αὐτοῖς ἴσως,
διοικεῖν, μεγάλην εἰκότως ἐκτήσαντο εὐδαιμονίαν. Τότε
μὲν δὴ τοῦτον τὸν τρόπον εἶχε τὰ πράγματα ἐκείνοις χρωμένοις οἷς εἶπον προςάταις. Νυνὶ δὲ πῶς ὑμῖν ὑπὸ τῶν
χρηστῶν τῶν νῦν τὰ πράγματα ἔχει; ἆρά γε ὁμοίως ἢ πα-
ραπλησίως; Καὶ τὰ μὲν ἄλλα σιωπῶ, πόλλ᾽ ἂν ἔχων εἰ-
πεῖν· ἀλλ᾽ ὅσης ἅπαντες ὁρᾶτε ἐρημίας ἐπειλημμένοι, καὶ
Λακεδαιμονίων μὲν ἀπολωλότων, Θηβαίων δὲ ἀσχόλων
ὄντων, τῶν δ᾽ ἄλλων οὐδενὸς ὄντος ἀξιόχρεω περὶ τῶν πρω-
τείων ἡμῖν ἀντιτάξασθαι, ἐξὸν δ᾽ ἡμῖν καὶ τὰ ἡμέτερα αὐτῶν ἀσφαλῶς ἔχειν, καὶ τὰ τῶν ἄλλων δίκαια βραβεύειν,
ἀπεςερήμεθα μὲν χώρας οἰκείας, πλείω δ᾽ ἢ χίλια καὶ πεν-
τακόσια τάλαντα ἀνηλώκαμεν εἰς οὐδὲν δέον, οὓς δ᾽ ἐν τῷ
πολέμῳ συμμάχους ἐκτησάμεθα, εἰρήνης οὔσης, ἀπολω-
λέκασιν οὗτοι, ἐχθρὸν δ᾽ ἐφ᾽ ἡμᾶς αὐτοὺς τηλικοῦτον ἠσκή-

tous les hommes, ils acquièrent par leurs actions une gloire supérieure à l'envie. Voilà ce qu'ils furent dans la Grèce ; voici ce qu'ils étoient dans leur ville comme hommes publics et comme particuliers. Comme hommes publics, ils nous ont construit de si beaux édifices, élevé un si grand nombre de temples superbes, suspendu à la voûte de ces temples de si riches offrandes, qu'ils ne nous ont laissé aucun moyen d'enchérir sur leur magnificence. Comme particuliers, ils étoient si simples et si attachés aux mœurs antiques, que ceux qui connoissent la maison d'Aristide, celle de Miltiade, et des autres grands hommes de ce temps-là, voient que rien ne les distingue des maisons voisines. Ce n'étoit pas pour augmenter leur fortune, mais pour agrandir la république, qu'ils prenoient part au gouvernement. Par leur fidélité à l'égard des Grecs, leur piété envers les dieux, et leur esprit d'égalité avec leurs concitoyens, ils parvinrent, comme ils le devoient, au comble de la prospérité.

Voilà comment alloient les affaires d'Athènes sous les chefs illustres dont je parle ; et comment vont-elles aujourd'hui sous les honnêtes citoyens qui nous gouvernent ? Vont-elles de même ou à peu près ? Sans parler du reste (j'aurois trop à dire), vous voyez, par exemple, qu'en un temps où nous n'avons plus de rivaux en tête, où les Lacédémoniens sont abattus et les Thébains occupés chez eux, où nul autre peuple ne pouvant nous disputer la prééminence, nous pourrions défendre nos propres biens, et régler les droits des autres ; en ce temps, dis-je, nous sommes dépouillés de nos possessions, nous avons dépensé sans fruit plus de quinze cents talens, perdu pendant la paix les alliés que nous nous étions faits pendant la guerre, et formé contre nous-mêmes un ennemi redoutable ; ou que quelqu'un se lève et me dise si

καμεν· ἢ φρασάτω τις ἐμὲ παρελθὼν, πόθεν ἄλλοθεν
ἰσχυρὸς γέγονεν, ἢ παρ' ἡμῶν αὐτῶν, Φίλιππος. Ἀλλ' ὦ
τᾶν, εἰ ταῦτα φαύλως, τά γ' ἐν αὐτῇ τῇ πόλει νῦν ἄμεινον
ἔχει. Καὶ τί ἄν τις εἰπεῖν ἔχοι; τὰς ἐπάλξεις ἃς κονιῶμεν,
καὶ τὰς ὁδοὺς ἃς ἐπισκευάζομεν, καὶ κρήνας, καὶ λήρους;
Ἀποβλέψατε δὴ πρὸς τοὺς τὰ τοιαῦτα πολιτευομένους· ὧν
οἱ μὲν ἐκ πτωχῶν πλούσιοι γεγόνασιν, οἱ δ' ἐξ ἀδόξων ἔν-
τιμοι, ἔνιοι δὲ τὰς ἰδίας οἰκίας τῶν δημοσίων οἰκοδομημά-
των σεμνοτέρας εἰσὶ κατεσκευασμένοι. Ὅσῳ δὲ τὰ τῆς πόλεως ἐλάττω γέγονε, τοσούτῳ τὰ τούτων ηὔξηται. Τί δὴ τὸ
πάντων αἴτιον τούτων; καὶ τί δή ποτε ἅπαντ' εἶχε καλῶς
τότε, καὶ νῦν οὐκ ὀρθῶς; ὅτι τὸ μὲν πρῶτον, καὶ στρατεύεσθαι τολμῶν αὐτὸς ὁ δῆμος, δεσπότης τῶν πολιτευομέ-
νων ἦν, καὶ κύριος αὐτὸς ἁπάντων τῶν ἀγαθῶν, καὶ ἀγα-
πητὸν ἦν παρὰ τοῦ δήμου τῶν ἄλλων ἑκάστῳ, καὶ τιμῆς καὶ
ἀρχῆς καὶ ἀγαθοῦ τινος μεταλαβεῖν. Νῦν δὲ τοὐναντίον,
κύριοι μὲν τῶν ἀγαθῶν οἱ πολιτευόμενοι, καὶ διὰ τούτων
ἅπαντα πράττεται· ὑμεῖς δὲ ὁ δῆμος, ἐκνενευρισμένοι, καὶ
περιῃρημένοι χρήματα καὶ συμμάχους, ἐν ὑπηρέτου καὶ
προσθήκης μέρει γεγένησθε, ἀγαπῶντες ἐὰν μεταδιδῶσι θεωρικῶν ὑμῖν ἢ βοίδια πέμψωσιν οὗτοι· καὶ τὸ πάντων ἀναν-
δρότατον, τῶν ὑμετέρων αὐτῶν χάριν προσοφείλετε. Οἱ δ'
ἐν αὐτῇ τῇ πόλει κατείρξαντες ὑμᾶς, ἐπάγουσιν ἐπὶ ταῦτα,
καὶ τιθασσεύουσι, χειροήθεις αὐτοῖς ποιοῦντες. Ἔστι δ' οὐ-
δέποτ', οἶμαι, μέγα καὶ νεανικὸν φρόνημα λαβεῖν, μικρὰ
καὶ φαῦλα πράττοντας· ὁποῖ' ἄττα γὰρ ἂν τὰ ἐπιτηδεύματα
τῶν ἀνθρώπων ᾖ, τοιοῦτον ἀνάγκη καὶ φρόνημα ἔχειν. Ταῦτα, μὰ τὴν Δήμητρα, οὐκ ἂν θαυμάσαιμι, εἰ μείζων εἴ-

d'autres que nous ont pu accroître à ce point la puissance de Philippe.

Mais, dira-t-on, si les affaires du dehors sont en mauvais état, celles du dedans vont beaucoup mieux. Quelle preuve peut-on en donner? Des murs recrépis, des chemins réparés, des fontaines et autres objets semblables. Mais voyez les citoyens à qui vous devez ces beaux monumens de leur administration : ils ont passé, les uns de la misère à l'opulence, les autres de l'obscurité à la splendeur : quelques-uns se sont bâti des maisons dont la magnificence insulte même à nos édifices publics ; leur fortune a augmenté à mesure que l'État a dépéri. Et quelle est la cause de ce désordre? Pourquoi tout alloit-il autrefois si bien, et va-t-il aujourd'hui si mal ? C'est qu'autrefois le peuple, ne craignant pas de se mettre lui-même en campagne, étoit arbitre de toutes les grâces, maître de ses ministres, et que ceux-ci se contentoient d'obtenir de lui les honneurs, les dignités, tous les avantages. Aujourd'hui, au contraire, ce sont les ministres qui disposent des grâces, tout se fait et s'obtient par eux. Vous autres, citoyens avilis, peuple énervé, sans alliés et sans finances, on vous regarde comme des valets, comme une populace qui fait seulement nombre ; trop heureux qu'on vous fasse part des deniers du théâtre, qu'on vous distribue du pain ; et, ce qui est le comble de la lâcheté, vous vous croyez redevables à ceux qui vous donnent ce qui est à vous. Enfermés dans vos murs, amorcés par de modiques largesses, on vous apprivoise, pour ainsi dire, on vous rend souples et dociles. Mais est-il possible que des hommes qui vivent d'une manière basse et méprisable, aient des sentimens nobles et élevés? Les sentimens, pour l'ordinaire, sont tels que le genre de vie que l'on mène. Pour moi, certe, je ne serois pas étonné que vous

πόντι ἐμοὶ γένοιτο παρ' ὑμῶν βλάβη, ἢ ἑκάςῳ τῶν πε-
ποιηκότων αὐτὰ γενέσθαι. Οὐδὲ γὰρ παρρησία περὶ πάντων
ἀεὶ παρ' ὑμῖν ἔστιν, ἀλλ' ἔγωγε ὅτι καὶ νῦν γέγονε θαυμάζω.

Χ. Ἐὰν οὖν ἀλλὰ νῦν γ' ἔτι ἀπαλλαγέντες τούτων τῶν
ἐθῶν, ἐθελήσητε ςρατεύεσθαί τε καὶ πράττειν ἀξίως ὑμῶν
αὐτῶν, καὶ ταῖς περιουσίαις ταῖς οἴκοι ταύταις, ἀφορμαῖς
ἐπὶ τὰ ἔξω τῶν ἀγαθῶν χρήσησθε· ἴσως ἂν ἴσως, ὦ ἄνδρες
Ἀθηναῖοι, τέλειόν τι καὶ μέγα κτήσαισθε ἀγαθὸν, καὶ τῶν
τοιούτων λημμάτων ἀπαλλαγείητε, ἃ τοῖς ἀσθενοῦσι παρὰ
τῶν ἰατρῶν σιτίοις διδομένοις ἔοικε· καὶ γὰρ οὔτε ἰσχὺν
ἐκεῖνα ἐντίθησιν, οὔτ' ἀποθνήσκειν ἐᾷ. Καὶ ταῦτα ἃ νέ-
μεσθε νῦν ὑμεῖς, οὔτε τοσαῦτα ἐςιν ὥστε ὠφέλειαν ἔχειν
τινὰ διαρκῆ, οὔτ' ἀπογνόντας ἄλλοτι πράττειν ἐᾷ, ἀλλ' ἔςι
ταῦτα τὴν ἑκάςου ῥαθυμίαν ὑμῶν ἐπαυξάνοντα. Οὐκοῦν
σὺ μισθοφορὰν λέγεις; φήσει τίς. Καὶ παραχρῆμά γε τὴν αὐτὴν σύνταξιν ἁπάντων, ὦ ἄνδρες Ἀθηναῖοι, ἵνα τῶν κοι-
νῶν ἕκαςος τὸ μέρος λαμβάνων, ὅτου δέοιτο ἡ πόλις, εἰς
τοῦθ' ἑτοίμως χρήσιμον ἑαυτὸν παρέχοι. Ἔξεςιν ἄγειν ἡσυ-
χίαν; οἴκοι μένων εἶ βελτίων, τοῦ δι' ἔνδειαν ἀνάγκῃ τι
ποιεῖν αἰσχρὸν ἀπηλλαγμένος. Συμβαίνει τι τοιοῦτον οἷον
καὶ τὰ νῦν; στρατιώτης αὐτὸς ὑπάρχων, ἀπὸ τῶν αὐτῶν
τούτων λημμάτων, ὥσπερ ἐστὶ δίκαιον, ὑπὲρ τῆς πατρίδος.
Ἔστι τις ἔξω τῆς ἡλικίας ὑμῶν; ὅσα οὗτος ἄτακτος νῦν λαμβάνων οὐκ ὠφελεῖ, ταῦτ' ἐν ἴσῃ τάξει λαμβανέτω, πάντ'
ἐφορῶν καὶ διοικῶν ἃ χρὴ πράττεσθαι. Ὅλως δὲ οὔτ' ἀφε-
λὼν, οὔτε προσθεὶς, πλὴν μικρὸν, τὴν ἀταξίαν ἀνελὼν,
εἰς τάξιν ἤγαγον τὴν πόλιν, τὴν αὐτὴν τοῦ λαβεῖν, τοῦ

traitassiez plus mal celui qui vous expose les désordres de l'État, que ceux qui en sont les auteurs. Car vous ne nous accordez pas toujours la liberté de tout dire : je suis même surpris que vous me l'accordiez en ce moment.

Si donc renonçant, du moins aujourd'hui, à une conduite indigne de vous, vous prenez le parti de vous mettre en campagne, d'agir comme vous devez, et d'employer vos fonds domestiques pour acquérir des possessions étrangères, peut-être, ATHÉNIENS, peut-être vous gagnerez quelque insigne avantage, et vous perdrez le goût des distributions, que l'on peut comparer à ces alimens foibles que les médecins permettent à leurs malades, moins pour rendre les forces que pour soutenir la vie. En effet, les distributions, sans fournir à tous vos besoins, ne sont qu'un appât qui vous attire, qui vous détourne des objets essentiels, et fomente votre paresse.

Vous voulez donc, dira quelqu'un, qu'on paye les soldats avec les fonds des distributions? Je veux, du moins, que dès à présent il n'y ait dans Athènes qu'un ordre de citoyens, et que quiconque recevra sa part des deniers de la république, la serve de tout son pouvoir suivant les circonstances. Est-on en paix, participant aux largesses communes, on aura l'avantage de rester chez soi sans que le besoin arrache aucune action dont on puisse rougir. Est-on en guerre, comme dans la conjoncture présente, on servira la patrie, ainsi qu'il est juste, en portant les armes, pour prix des mêmes largesses. A-t-on passé l'âge militaire, ce qu'on reçoit maintenant sans le mériter par le service, on le recevra alors en se rendant utile et en veillant aux affaires du dedans. En un mot, sans rien ajouter presque, ni rien retrancher, je ramène l'ordre dans la République et j'en

ςρατεύεσθαι, τοῦ δικάζειν, τοῦ ποιεῖν τοῦθ' ὅ, τι καθ'
ἡλικίαν ἕκαςος ἔχοι, καὶ ὅτου καιρὸς εἴη, τάξιν ποιήσας.
Οὐκ ἔςιν ὅπου τοῖς μηδὲν ἐγὼ ποιοῦσι τὰ τῶν ποιησόντων
εἶπον ὡς δεῖ νέμειν· οὐδ' αὐτοὺς μὲν ἀργεῖν, καὶ σχολά-
ζειν, καὶ ἀπορεῖν, ὅτι δὲ οἱ τοῦ δεῖνος νικῶσι ξένοι ταῦτα
πυνθάνεσθαι. Ταῦτα γὰρ νυνὶ γίνεται. Καὶ οὐχὶ μέμφομαι
τὸν ποιοῦντά τι τῶν δεόντων ὑπὲρ ὑμῶν· ἀλλὰ καὶ ὑμᾶς
αὐτοὺς ὑπὲρ ὑμῶν αὐτῶν ἀξιῶ πράττειν ταῦτα ἐφ' οἷς
ἑτέρους τιμᾶτε, καὶ μὴ παραχωρεῖν, ὦ ἄνδρες Ἀθηναῖοι,
τῆς τάξεως, ἣν ὑμῖν οἱ πρόγονοι τῆς ἀρετῆς μετὰ πολλῶν
καὶ καλῶν κινδύνων κτησάμενοι κατέλιπον. Σχεδὸν εἴρηκα
ἃ νομίζω συμφέρειν· ὑμεῖς δὲ ἕλοισθε ὅ, τι καὶ τῇ πόλει
καὶ ἅπασιν ὑμῖν συνοίσειν μέλλει.

ΤΕΛΟΣ.

bannis le désordre, en voulant que ceux qui ont part à ses libéralités servent dans les armées, jugent dans les tribunaux, fassent tout ce qu'ils pourront, suivant que le permettra leur âge, ou que la circonstance l'exigera. Je n'ai jamais dit qu'il fallût distribuer à ceux qui ne font rien pour la patrie, le salaire de ceux qui la servent, ni que vous dussiez vous abandonner à l'inaction et à l'indolence, toujours irrésolus, vous demandant si tel ou tel chef de troupes étrangères a remporté pour vous quelque avantage : car voilà aujourd'hui tout ce que vous faites. Ce n'est pas que je blâme ceux qui font pour vous une partie de ce que vous devez; mais, sans doute, des Athéniens doivent remplir pour eux-mêmes les fonctions dont ils honorent les autres, et ne pas abandonner la réputation de bravoure que leurs ancêtres leur ont acquise par tant de travaux et de périls.

Je vous ai donné à-peu-près les avis que je crois les meilleurs. Puissiez-vous, au reste, embrasser le parti que demandent l'intérêt de la République et celui de tous les citoyens!

FIN.

SUCCÈS

DES

OLYNTHIENNES.

Les Athéniens, persuadés par l'éloquence de Démosthène, s'étaient décidés à venir au secours d'Olynthe, et avaient envoyé, pour défendre cette ville, Charès, un de leurs généraux, avec une flotte de dix-sept galères, deux mille hommes d'infanterie et trois cents de cavalerie, tous citoyens d'Athènes, comme les Olynthiens l'avaient désiré. Mais le secours des Athéniens fut inutile, et l'année suivante, Philippe était maître d'Olynthe, que lui avaient livrée deux des principaux citoyens, Euthycrate et Lasthène. Le roi de Macédoine détruisit cette malheureuse ville de fond en comble, réduisit ses habitants en servitude, et, de plus, fit périr par le dernier supplice les deux indignes citoyens qui avaient trahi leur patrie.

Les Athéniens furent vivement affligés de la prise d'Olynthe : ils accueillirent avec empressement tous ceux des habitants de cette ville qui avaient pu s'échapper, et condamnèrent même à mort un de leurs concitoyens qui avait traité une Olynthienne en esclave ; et comme s'ils eussent voulu anéantir jusqu'au souvenir de cette malheureuse expédition, ils refusèrent d'entendre Charès, qui se préparait à rendre compte des résultats de la guerre.

Démons-
sible, et
un de
, d'au[illegible]
, tous
[illegible]
[illegible] sui-
avaient
sthène.
[illegible] de
, et, de
[illegible]

d'O-
[illegible] des
[illegible] con-
[illegible] avait
[illegible]sent
expé-
[illegible]rait à